Ole Meiners

Digitale Welt für Einsteiger

iPhone und iPad

Inhaltsverzeichnis

6 Die Revolution geht weiter
7 Willkommen in Neuland
8 So nutzen Sie dieses Buch
10 iPhone und iPad im Überblick
18 iCloud: Ein Stück vom Himmel mitgekauft
23 Apple-ID: Die Papiere bitte

24 Auf die Plätze – fertig – iOS
25 Verschiedene Gerätetypen, ein System
31 Alles auf Start

46 iOS kennenlernen
47 Der Sprung ins kalte Wasser
47 Mit Safari ins Internet
53 Horcht aufs Wort: Hey, Siri!
54 Gesucht – gefunden: Spotlight
54 Telefon: Hallo, Teilnehmer?

55 Shopping-Tour im App Store
57 iBooks: Lesen bildet wirklich
60 Home-Screen: Da steckt noch mehr drin

70 Standardapps bei iOS 9
71 Das Adressbuch: Kontakte
77 Notizen: Besser aufschreiben
87 Mail ist die neue Post
98 Kalender: Abschied vom Papier
104 Erinnerungen: Alles abgehakt
107 Safari: Smarter surfen im Internet
111 Karten: Woher, wohin?
117 Kleine Helfer: Stets zu Diensten
122 DB Navigator und Handy-Ticket

10

Welches iPhone, welches iPad passt zu meinen Bedürfnissen? Eine Übersicht.

25

Auspacken und Ersteinrichtung: In wenigen Schritten zum eigenen Gerät.

82

Die Abkürzung „mfg" zur Grußformel? Die Textersetzung kann noch viel mehr.

138

Videotelefonie
ganz einfach –
und kostenlos.

178

So holen Sie alles
aus der einge-
bauten Kamera
heraus.

188

Alle Begriffe aus
der Apple-Welt
erklärt, von A–Z.

**126 Mehr als nur
Telefonieren**
127 Die Mutter der
Smartphones
136 Aug' in Aug': FaceTime
138 Skype – alles in einer
App
139 Die schnelle Nachricht:
iMessage und SMS

**146 Genießen und
gestalten**
147 Die Lust am Lesen,
Hören und Sehen
149 iBooks: Buchregal mit
Ladenanschluss
155 Zeitungen und Zeit-
schriften im App Store:
von Käseblatt bis
4 Gourmet-Magazin
159 Podcasts: Multimedia
gratis laden
164 iTunes Store: Der
Haupteingang ins
Medienkaufhaus
166 Musik und Video:
Medienplayer suchen
Futter

168 Musik-App auf iPhone
und iPad
171 Video-App auf iPhone
und iPad
173 Fernsehen mit iPhone
und iPad
174 Für jeden Zweck gibt's
eine App
178 Pixelfänger:
die eingebaute Kamera
180 Der digitale Zoom und
die Optik
184 Fotos: Die Galerie der
Meisterwerke
186 Fotolabor und Schnitt-
raum
187 Finale

188 Das große ABC
189 Gut zu wissen von
A bis Z

220 Hilfe
220 Stichwortverzeichnis

Die Revolution geht weiter

iPhone und iPad haben dem digitalen Zeitalter seine Schreibtischfesseln gelöst: Internet ist immer und überall. Und nun auch bei Ihnen? Wir begleiten Sie von Anfang an und erklären Ihnen diese neue Welt.

Willkommen in Neuland

Sie kann ja sehr wortgewaltig sein, die Bundeskanzlerin, und so ist im Jahr 2013 „Neuland" zum Inbegriff dessen geworden, was zurzeit unsere Gesellschaft so rasant verändert – die Durchdringung unseres Alltags und des Privaten mit Internet und Social Media. Aber es ist auch eine wunderbare Sache, in jeder Stadt immer den richtigen Stadtplan dabeizuhaben, stets zu wissen, ob Zug und Bus pünktlich fahren – und für jede andere Frage ein Lexikon mit Dutzenden von Bänden konsultieren zu können.

Dieses Buch möchte Sie zu einem souveränen und selbstbestimmten Umgang mit der mobilen Technik von Smartphone und Tablet-Computer anleiten – und das von Anfang an. Auch und gerade an unerfahrene Einsteiger wenden wir uns und informieren Sie noch in diesem Kapitel über die unterschiedlichen Geräte von Apple und welches davon das richtige für Sie sein könnte. Quereinsteiger sollten wissen: Mit der Entscheidung zugunsten von iOS – das ist das Betriebssystem von iPhone und iPad – verlassen Sie die Android-Sphäre von Google oder das Reich von Windows Mobile. Bereits gekaufte Software („Apps") können Sie auf diesem anderen System nicht mehr nutzen, oft aber in Apples App Store die entsprechende iOS-Version desselben Herstellers nachkaufen. Einen Großteil Ihrer Daten – Adressdatenbank, E-Mails, Bilder, Videos und auch Musik – können Sie sehr bequem gleich beim ersten Einschalten übernehmen. Für Umsteiger gibt es mit „Move to iOS" eine spezialisierte Apple-App für Android und eine gut gemachte Anleitung unter www.support.apple.com/HT201196 (siehe „Auf die Plätze …", S. 43).

So nutzen Sie dieses Buch

Dieser Ratgeber ist als Lehrgang konzipiert, der auch Sie als absoluten Anfänger sehr kompakt mit den wichtigsten Aspekten von Internet und moderner Kommunikation vertraut macht. Unsere kleinen Workshops werden Ihnen sicher Spaß machen, aber machen Sie bitte auch mit: Sie erlernen nie nur eine Tätigkeit, sondern erwerben quasi im Vorbeigehen immer auch weiteres Rüstzeug.

Die einzelnen Kapitel bauen aufeinander auf, bitte halten Sie beim ersten Lesen die Reihenfolge mindestens in den ersten drei Kapiteln ein. Aber überspringen Sie ruhig die Textkästen, wenn Sie Ihr Gerät schnell in Betrieb nehmen wollen. Dort richten wir uns an Anwender mit Vorkenntnissen und deshalb ist es eine gute Idee, dieses Buch zweimal zu lesen: Im zweiten Durchlauf werden Sie selbst fit sein, diese Tipps für Ihr persönliches digitales Leben einschätzen und umsetzen zu können.

Begriffe der IT-Fachsprache versucht dieses Buch zu vermeiden, doch viele Vokabeln wie Passwort oder WLAN sind Ihnen sicher geläufig. Wenn nicht, dann schauen Sie einfach im letzten Kapitel nach (siehe „Das große ABC", S. 188).

Die neue Leichtigkeit im Alltag

Ihr iGerät hat bereits einige vorinstallierte Apps (von engl. „Application", Anwendung), aber zu einem persönlichen Begleiter wird es erst, wenn Sie Apps von anderen Anbietern ganz nach Ihren Bedürfnissen hinzuladen. Viele sind gratis, andere kosten ein paar Euro, manche Apps geben bestimmte Funktionen erst nach einem sogenannten In-App-Kauf frei, und einige erwarten sogar regelmäßige Zahlungen wie bei einem Zeitungsabo. Zu vielen Funktionen gibt es auch mehrere Apps verschiedener Hersteller – suchen im App Store kann sich lohnen (siehe „iOS beißt nicht", S. 55). Apps sind wirklich hilfreich.

In die Welt von Neuland will Sie dieses Buch begleiten, denn im weiteren Verlauf werden Sie folgende Grundfertigkeiten erlernen:

▶ **Mit anderen kommunizieren können** per E-Mail, Kurzmitteilung (SMS, iMessage) und per Telefon (FaceTime) – das ist alles schon eingebaut und nach der Erstkonfiguration von Ihnen sofort nutzbar, andere Dienste wie Skype rüsten Sie nach.

▶ **Zugriff erhalten auf wertvolle Informationsquellen** wie das Online-Lexikon Wikipedia, die Tagesschau oder Ihre Lokalzeitung – und die weite Welt des Internets.

▶ **Bereits vorhandene Medien wie Musik und Fotos** auf Ihr Gerät laden – egal ob von Android, Windows-PC oder Mac.

▶ **Eine Fülle von kostenlosen Büchern, Hörspielen,** Fernsehsendungen nutzen können – sogar ohne Internetverbindung.

▶ **Ihren aktuellen Standort** auf einer elektronischen Karte wiederfinden und diesen Standort auch anderen mitteilen können.

▶ **Sich dank GPS** kinderleicht in einer fremden Region zurechtfinden und Ihr Gerät als Navi benutzen – auch zu Fuß.

▶ **Fahrpläne für Bus und Bahn** dem Altpapier anvertrauen, denn per App können Sie sogar Tickets kaufen.

▶ **Ihren Alltag mit digitalem Kalender,** Adressbuch und Notizen jeder Art einfach besser organisieren.

▶ **Fotos und Videos aufnehmen** und mit Freunden teilen.

Befehlsketten

Im weiteren Verlauf dieses Buches werden Sie in die Tiefen Ihres iOS-Systems eintauchen. Dafür nutzt dieser Ratgeber Befehlsketten, die Sie Schritt für Schritt durch die Menüs führen. Sie erkennen Sie an den nach rechts zeigenden Anführungszeichen, etwa bei:
>Einstellungen > Allgemein > Softwareaktualisierung.
Ebenfalls finden Sie diese Markierungen, wenn Sie innerhalb einer App etwas *> Hinzufügen* können oder Sie auf *> Mehr* tippen sollen, um noch weitere Optionen zu erhalten.

iPhone und iPad im Überblick

Soll's bei Ihnen ein iPhone oder ein iPad werden? Vielleicht sogar beides? Und wenn ja, welche Modelle denn genau? Und noch einen Mobilfunktarif dazu? Egal, für welches Gerät Sie sich entscheiden, die Art und Weise der Bedienung ist bei beiden Geräteklassen identisch.

Und was für ein iTyp bin ich?

Die Bedienung ist zwar identisch, aber die Anwendungsszenarien unterscheiden sich stark voneinander: Am iPad liest es sich in digitalen Büchern und Magazinen sehr bequem. Am iPhone nicht. Zum Telefonieren ist das iPhone prädestiniert. Das iPad ist es nicht – und das erklären wir im nachfolgenden Textkasten. Das iPad ist groß genug, dass man es in der häuslichen Unordnung zügig wiederfindet. Das iPhone geht schnell unter – aber auch da gibt's Tricks (Find my iPhone). Das iPhone passt in jede Hosentasche. Und: Sie ahnen es – und denken doch zu kurz: Schon das iPhone Plus mit seinem in der Diagonale knapp 14 Zentimeter großen Display (5,5 Zoll) fühlt sich eher in einer Jacke oder der Beintasche einer Hose wohl, wenn es nicht vornehm in einer Handtasche getragen wird, was natürlich auch für die iPads (25 cm; 9,7 Zoll) gilt – sofern es sich nicht um das taschenbuchgroße Mini-Modell handelt (20 cm; 7,9 Zoll).
Das neue iPad Pro mit seinem in der Diagonale 33 Zentimeter großen Bildschirm (damit etwas größer als das DIN-A4-Format, 12,9 Zoll) füllt die Grundfläche eines Handgepäck-Koffers fast zur Hälfte und wiegt immerhin 720 Gramm. Die Frage richtet sich damit an Sie: Wie mobil wollen Sie digital eigentlich sein? Zwischen „immer dabei" und „meistens zu Hause" hat Apple bestimmt den richtigen Formfaktor für Ihre Anforderungen. Die genauen Maße entnehmen Sie bitte der tabellarischen Übersicht (siehe „Die Revolution geht weiter", S. 22/23).

Dieser Formfaktor spielt auch bei der Bedienung die entscheidende Rolle. Wie scharf ist Ihr Blick, wie fein sind Ihre Finger? Das iPad hat eine größere Darstellung und ermöglichst so eine einfachere, übersichtlichere Bedienung als der Bildschirm des iPhones. Das kann für ältere Menschen von Vorteil sein – schließt jüngere aber nicht aus. Vielleicht möchten Sie nicht zu nah an den Bildschirm heran, sondern das Gerät bequem sitzend vor sich halten? Auch Filme und Spiele profitieren natürlich von der größeren Darstellung. Das spricht also klar für eines der iPads, mindestens aber für das iPhone Plus – und ganz klar gegen das iPhone-Modell 4s aus dem Jahr 2011. Dieses bis 2015 erhältliche Gerät zählt noch zur 3,5-Zoll-Klasse und passt mit seinen Dimensionen perfekt in die Brusttasche einer stinknormalen Jeansjacke. Ob Apple in Zukunft diesen ultrakompakten Formfaktor wohl wiederentdeckt? Manch einer möchte es sich für Weihnachten 2016 schon auf den Wunschzettel schreiben, das iPhone mini.

Doch orientieren wir uns an den aktuell erhältlichen Geräten. Wahrscheinlich haben Sie sich im Handel oder bei Freunden bereits ein wenig über iPhone und iPad informiert, aber Sie haben da noch einige offene Fragen. Vielleicht diese:

Ich bin ein absoluter Computer-Neueinsteiger. Was brauche ich, um endlich mailen und im Internet surfen zu können?

Das geht grundsätzlich mit jedem iOS-Gerät. Von Apple erhalten Sie beim Start auf Wunsch automatisch eine E-Mail-Adresse nach dem Muster martina.jedermann@icloud.com, wobei Sie sich den vorderen Teil der Adresse selbst aussuchen können – sofern er nicht schon vergeben ist wie bei einem Peter Müller. Ein anderer Peter Müller hat vielleicht mehr Glück, wenn er seinen Wohnort, seine Postleitzahl oder seinen zweiten Vornamen in dieses sogenannte Präfix einbaut. Aber wieder stellt sich auch die Frage nach Ihrer gewünschten Mobilität: Möchten Sie auch auf der Parkbank oder während einer Reise im Internet surfen? Bei den iPads müssen Sie dann 120 Euro Aufpreis für die Mobilfunk-Variante einplanen, diese tragen den englischen Beinamen „cellular" oder „3G". Mobilfunk bedeutet natürlich auch, dass Sie zusätzlich im Handel eine SIM-Karte eines Mobilfunkbetreibers erwerben, um über sein Netz online zu gehen. Für den Anfang raten wir Ihnen zu einer Prepaid-Karte mit Inklusivvolumen von nicht viel weniger als einem Gigabyte pro Monat. Das Gute an Prepaid ist: Sie können sehr schnell auf ein anderes Tarifmodell oder in ein anderes Netz wechseln, wenn Sie merken: Das passt mir nicht – die meisten „echten" Verträge binden Sie mit einer Laufzeit von zwei Jahren. Bitte lassen Sie sich dazu im Fachhandel und von erfahrenen Benutzern beraten, grundsätzliche Informationen finden auch Sie im Glossar.

Dann brauche ich zu Hause gar kein WLAN und kein Internet aus der Dose?

Für ein iPhone oder eine Mobilfunk-Variante des iPad ist das richtig. WLAN zu Hause ist nicht notwendig. Aber WLAN (bei Apple heißt es englisch Wi-Fi; sprich: Wei-Fei) macht vieles schöner, schneller und smarter. Ein paar Beispiele:

Schon der gelegentliche Konsum von Videos schöpft ein kleines Inklusivvolumen aus, für den Rest des Monats tröpfeln dann die Daten nur noch so durch die Luft. Internet aus der Dose (DSL oder TV-Kabel) ist bis auf wenige Ausnahmen stets ungedrosselt.

Mobilfunksignale laufen zum Teil über mehrere Kilometer und haben dann oft nicht mehr die Kraft, durch eine Häuserwand zu gelangen. Vielleicht haben Sie ausgerechnet im Wohnzimmer den schlechtesten Empfang, selbst wenn Sie am Fenster sitzen. Dieser Effekt der Signaldämpfung ist bei WLAN weniger spürbar, da der „Sender" ja bei Ihnen zu Hause ist und sicher auch noch – ohne Zubehörverstärker – den ersten Stock erreicht.

Einige Funktionen (z. B. die automatische Datensicherung per iCloud) sind nur sinnvoll mit WLAN zu benutzen. Überdies ist die

Internetverbindung per WLAN viel stabiler und kostengünstiger. Steht bei Ihnen demnächst ein Umzug an, dann können Sie ja am neuen Ort nach einiger Zeit und ohne Hast das „Projekt WLAN" in Angriff nehmen.

In ganz wenigen Fällen kann die Ersteinrichtung nur per Mobilfunk misslingen. Als ein solcher Pechvogel fragen Sie bitte bei einem Nachbarn oder einem Fachhändler, ob Sie aus genau diesem Grund sein WLAN kurz mitbenutzen dürfen. Solch einen Zugang zu einem Gastnetz können Sie später in den *> Einstellungen > WLAN* mit Tipp auf das blaue (i) wieder löschen (*> Netzwerk ignorieren*).

Und ich brauche auch wirklich keinen Computer, um iPhone und iPad sinnvoll benutzen zu können?

Eine heikle Frage, aber grundsätzlich gilt: Nein, es ist kein Computer notwendig, das war vor einigen Jahren noch anders.

Aber erlauben Sie eine Gegenfrage? Was persönlich verstehen Sie unter „sinnvoll"? Wenn es darum geht, ein umfängliches Backup Ihrer Daten außerhalb von Apples iCloud-Angebot zu sichern oder Ihre CD-Sammlung auf das Gerät zu transferieren, dann ist der Computer unverzichtbar.

Im Alltag geht es aber sehr gut ohne – und der Computer muss gar nicht Ihr eigener sein.

Mein jetziges Handy ist kein altes Eisen. Kann ich das weiter nutzen?

Ja, natürlich. Gerade wenn Sie sich als Quereinsteiger für ein iPad-Modell interessieren und auf den Geldbeutel achten müssen, kann sich das auszahlen. Alle modernen Smartphones und viele Handys können ihre Internetverbindung per WLAN oder per Kurzstreckenfunk Bluetooth mit anderen Geräten teilen. Der Fachbegriff dafür lautet englisch „Tethering" oder persönlicher Hotspot. Auf der Parkbank verbinden („koppeln" oder engl. „pairen") Sie Ihr iPad drahtlos mit dem Smartphone und ab sofort dient das Telefon als Relais-Station, es gibt also das Internet aus dem weltumspannenden Mobilfunk weiter an Ihre kleine Bluetooth- oder WLAN-Funkzelle rund um die Parkbank. Das ist überaus praktisch für die gelegentliche Nutzung, beim Dauergebrauch nervt dieses Tethering schnell. Haben Sie bitte im Blick, dass nun nicht nur Ihr Telefon am Unterwegs-Internet und dem Inklusivvolumen nuckelt, sondern das iPad Wi-Fi ebenfalls – vielleicht müssen Sie dann Ihren Handy-Tarif anpassen.

Ich verstehe den Unterschied zwischen dem iPad Wi-Fi und den Modellen mit Mobilfunk noch nicht. 120 Euro Aufpreis wofür?

Für eine zusätzliche Baugruppe aus GPS-Empfänger (etwa für die satellitengestützte Navigation) und Mobilfunk-Modem (für das Unterwegs-Internet) – einschließlich zusätzlicher Antennen und des unverzichtbaren SIM-Kartenslot. Und das bedeutet: Die günstigeren Geräte können außerhalb eines WLANs keine Verbindung zum Internet aufbauen. Das hat zur Folge, dass Sie einen Fotoschnappschuss erst zu Hause per Mail versenden, eine Internetseite wie www.test.de erst im Internetcafé lesen können. Außerdem kann das Gerät im Wald oder auf der grünen Wiese seine eigene Position nicht mehr bestimmen. Die Frage ist also, ob Sie das iPad mit in Gegenden ohne WLAN nehmen und dann alle Funktionen erwarten wollen.

Ich kann nicht gut sehen oder trage ein Hörgerät. Eignen sich iOS-Geräte überhaupt für mich?

Einfach ausprobieren – mit Lesebrille beim Händler vor Ort oder die 14-tägige Rückgabemöglichkeit des Onlinehandels nutzen. Textgrößen können Sie auf dem Bildschirm verändern und allein durch den Wechsel vom Hoch- zum Querformat wird vieles leserlicher. Ab dem iPhone 6 gibt es zudem mit der Einstellungsoption „Anzeigezoom" die Möglichkeit, grundsätzlich eine größere Darstellung zu aktivieren. Die maximale Lautstärke über Kopfhörer ist üppig und für den Musikgenuss gibt es auch externe Lautsprechersysteme zu kaufen, Unterschiede zwischen dem linken und dem rechten Ohr können Sie ebenfalls ausgleichen (Mono-Audio & Balance). Mit ganz speziellen Hörhilfen können iPhone und iPad sogar per Funk kommunizieren, der Hörgeräteakustiker weiß hier weiter. Viele körperliche Einschränkungen lassen sich dank weiterer Bedienungshilfen überwinden – sogar blinde Menschen bleiben nicht außen vor dank Sprach-Assistent Siri und VoiceOver.

Wie viel Speicher soll mein Gerät haben? Und kann ich später Speicher nachrüsten?

Das ist die eigentliche Gretchenfrage – und die Preisaufschläge von 16 auf 64 oder 128 GB sind mit jeweils 100 Euro wirklich üppig. Nachrüsten lässt sich ja nichts, allenfalls können spezielle USB-Speichersticks mit zusätzlichem Lightning-Anschluss Speicherplatzmangel lindern, aber die sind nicht günstig. Mehr Speicher verbessert natürlich den Preis bei einem Wiederverkauf, aber wenn Sie den Platz gar nicht brauchen, dann war die Investition unnötig. Nach Abzug von System und vorinstallierten Apps bleiben von den 16 GB knapp 13 GB für Sie und Ihre Apps, Fotos, Musik und Videos übrig. Gerade Videos sind echte Speicherfresser, ein abendfüllender Spielfilm in HD-Qualität schluckt einmal heruntergeladen locker 3 GB und mehr, ein Musikalbum in guter Qualität oder im iTunes-Store von Apple gekauft schlägt mit etwa 120 MB schon weniger zu Buche – Digitalfotos sind mit jeweils einem oder zwei Megabyte eigentlich kleine Fische.
Sind Sie ein ausgemachter Filmliebhaber oder haben auf Ihrem PC bereits eine stattliche Mediensammlung? Dann sollten Sie tendenziell zu einem Modell mit mehr Speicher als 16 GB greifen. Neueinsteiger sind in der Regel mit den 16-GB-Modellen gut beraten, weil iOS 9 anders als die Vorgänger neue Tricks zum Speichersparen gelernt hat. Tricksen können aber auch Sie: Mit der Apple-Software

iTunes für PCs und Macs können Sie regelmäßig den Medienbestand neu synchronisieren, also einige Alben vom iGerät löschen, frische Musik wieder hinzufügen und so für eine ständige Rotation aller Mediendateien sorgen. Eine hübsche Aufgabe vor jeder Urlaubsreise.

Wie lange hält ein Gerät eigentlich?

Der Erfahrung nach bis zu fünf Jahre – danach kommt nur noch Gnadenbrot in Betracht. Verschiedene Faktoren lassen Smartphone oder Tablet-PC mehr oder weniger altern:

Intensiver Gebrauch lässt die Akkukapazität schmelzen und das Gerät hat unterwegs nie genügend Saft. Ein Akkutausch durch eine Fachwerkstatt ist aber für unter 50 Euro möglich, universelle Zusatzakkus (eine sog. Power Bank) in der Handtasche verlängern die Steckdosen-unabhängige Benutzung gerade auf Reisen erheblich. Unsachgemäßer Gebrauch hinterlässt Spuren, das Displayglas oder die Kunststoffschale ist gesprungen. Ein einfacher Kantenschutz („Bumper") oder eine Hülle schützen effektiv vor Sturzschäden. Auch manch ein Wasserschaden kann vom Experten gerichtet werden.

Die Lösung zukünftiger Sicherheitsprobleme und die Einbindung neuer Technologien können nur in Form eines Betriebssystem-Updates realisiert werden, das seinerseits Anforderungen an das Gerät stellt. Das Ur-iPad von 2010 muss bei iOS 5.2 verharren, das iPhone 4 bei iOS 7.1.x – bei Drucklegung dieser Auflage hat Apple iOS 9.0 veröffentlicht. Die neue Technologie der Fingerabdruck-Erkennung Touch-ID bieten nur aktuelle Modelle ab dem iPhone 5S, NFC bietet gar nur die 6er-Familie. Diese Baugruppen können nicht nachgerüstet werden.

Wie gut ist eigentlich die eingebaute Fotokamera?

Für eine Handy-Kamera liefert das iPhone stets Spitzenqualität, das iPhone 6s hat mit seinem leistungsstarken 12-Megapixel-Sensor wieder einen neuen Maßstab gesetzt. Es darf sich aber nicht messen mit Ihrer modernen Digitalkamera oder gar der Spiegelreflex: Da finden Sie ganz andere Objektive – um ein Vielfaches länger, als das iPhone dick ist. Ein Zoom, der seinen Namen verdient, ist daher technisch hier noch nicht machbar. Dafür ist das iPhone aber fast immer dabei und bei Lichtstärke und Abbildungsleistung mehr als gleichauf mit aktuellen Digitalkameras ähnlicher 30-mm-Brennweite. Von großem Vorteil sind außerdem die mannigfaltigen Bearbeitungsmöglichkeiten am iPhone inklusive des Teilens mit Freunden und Verwandten. Sogar Posterabzüge bis A2 sind bildtechnisch kein Problem. Den iPads fehlt bislang die wichtige Fotolampe als Blitzgerät – und sie sind für diesen Zweck nicht handlich. Filmen können sie aber alle.

Ist das neueste Gerät auch das Beste für mich?

Das Vorjahresmodell kann oft durchaus das technisch ausgereiftere Gerät und gleichzeitig ein richtig günstiges Schnäppchen sein. Apple behält seit einiger Zeit eine oder zwei ältere Generationen unverändert, oft aber preisreduziert im Programm, aktuell sind dies die iPhone-Modelle 5s und 6, das iPad mini 2 und das im Herbst 2013 vorgestellte iPad Air. Das aktuelle iOS 9 arbeitet – wenngleich ein wenig langsam – auch auf dem älteren iPhone 4s und dem Modell 5/5c sowie auf allen iPads mit Ausnahme des allerersten. Wenn Sie mit dem neuesten Gerät aus Apples Produktonszyklus liebäugeln, sollten Sie wissen, dass die Apple Watch als Partner ein aktuelles iPhone (ab 5) benötigt, ein iPad taugt leider nicht dafür.

→ **Zwei bemerkenswerte Unterschiede**

Wenn Apple bei den iPad-Bezeichnungen ein „3G" oder „cellular" nachstellt, dann weist das auf die Extra-Baugruppe mit Mobilfunkmodem und integriertem GPS-Empfänger hin. WLAN haben alle – und genau dies bedeutet das international gebräuchliche „WiFi".

2012 hat Apple außerdem den bisherigen, knapp daumenbreiten Verbindungsstecker geändert. Über diesen 30-poligen Anschluss wurden der Akku mit Strom und der Speicher mit Musik aufgeladen. Dieser „Dock Connector" ist nun durch den schlanken „Lightning"-Anschluss ersetzt. Sie finden den älteren Anschluss noch bis zum iPhone 4S und dem iPad 2 – achten Sie beim Zubehörkauf auf diesen Unterschied.

iCloud: Ein Stück vom Himmel mitgekauft

Apple ist nicht bloß als Hersteller von iPhones oder Macs zu verstehen, die Firma stellt auch Software her. Ein Geschäftsfeld ist das sogenannte Cloud-Computing, also das Auslagern von Benutzerdateien oder Programmen auf einen Großrechner. Ein Großrechner stellt mehr Speicherplatz zur Verfügung als Ihr Gerät, daher können Sie Ihre Daten in so eine Cloud auslagern. Bei Bedarf „zieht" Ihr Gerät sich von dort zum Beispiel die Fotos aus dem vorletzten Ur-

Info

Und ohne iCloud? Natürlich kann man auch andere Clouddienste nutzen, man ist nicht auf Apple eingegrenzt. Wer schon Google Mail und Kalender nutzt, mit Flickr der Welt Fotos zeigt oder auch auf Facebook präsent ist, braucht viele Dienste von iCloud nicht. Dann deaktivieren Sie besser Dienst für Dienst unter *Einstellungen > iCloud*, um den schlanken Überblick über Ihre bevorzugten Dienste zu behalten. Die wertvollen Funktionen „Backup" und „Mein iPhone / iPad finden" sollten aber aktiv bleiben.

Alles synchron: Hinter dieser Zauberei stehen Abkürzungen wie CalDAV, CardDAV und IMAP, aufwendigere Protokolle als das bei vielen Freemail-Anbietern gängige POP3. Wer zum Beispiel schon lange bei GMX eine E-Mail-Adresse hat, sollte sich auf dessen Webseite über die IMAP-Funktion und -Einstellungen informieren. Möglicherweise ist es aber bequemer, mit einem Nachsendeauftrag (automatische Weiterleitung) von dort Post in iCloud zu empfangen. Die alte E-Mail-Adresse kann dann verkümmern. Selbstständig abholen (über POP3-Sammeldienst) kann iCloud die GMX-Post nicht.

laub. Auch vom heimischen PC – ganz ohne iPhone – können Sie das geänderte Foto nun ab der nächsten Verbindung mit der Cloud abrufen. Einmal gemacht – überall geändert.

Als iPhone- oder iPad-Käufer kommen Sie automatisch in den Genuss von Apples Onlinedienst: Wie eine Wolke am Himmel schweben Ihre Dateien in der iCloud einfach mit – egal wo und sofern Sie mit dem Internet verbunden sind. Als Einsteiger mit nur einem Gerät erleben Sie die Vorteile nicht so ausgeprägt, aber sobald ein Computer, ein weiteres Mobilgerät oder gar ein Dieb dazukommen, wird die iCloud zum wahren Freund. Denn der Dienst sorgt für eine regelmäßige Datensicherung (Backup) Ihres persönlichen Gerätes und darauf sollten Sie nicht verzichten! Auch nicht auf die praktische Funktion zur Ortung eines verloren geglaubten iPhones oder iPads.

Ist die Datenwolke auch sicher?

Ganz sicher – fragen Sie den Geheimdienst Ihrer Majestät, den CIA und die NSA. Dort befürwortet man das Speichern in der Cloud, aus Sicherheitsgründen natürlich. Die Enthüllungen des Edward

Die aktuellen iOS-Geräte Ende 2015 im Überblick

Modell (Jahr) / Spezifikation	iPhone 5s (09 / 2013)	iPhone 6 (09 / 2014)	iPhone 6 Plus (09 / 2014)	iPhone 6s (09 / 2015)	iPhone 6s Plus (09 / 2015)
Speichergröße (GB)	16 / 32 / 64	16 / 64 / 128	16 / 64 / 128	16 / 64 / 128	16 / 64 / 128
Prozessor / Arbeitsspeicher	A7 + M7 / 1 GB	A8 + M8 / 1 GB	A8 + M8 / 1 GB	A9 + M9 / 2 GB	A9 + M9 / 2 GB
Displaydiagonale	10,1 cm / 4 Zoll	11,9 cm / 4,7 Zoll	13,9 cm / 5,5 Zoll	11,9 cm / 4,7 Zoll	13,9 cm / 5,5 Zoll
Displayauflösung	326 ppi	326 ppi	401 ppi	326 ppi	401 ppi
Gerätegröße (cm)	12,4 x 5,9 x 0,8	13,8 x 6,7 x 0,8	15,8 x 7,8 x 0,8	13,8 x 6,7 x 0,8	15,8 x 7,8 x 0,8
Gewicht (ca.)	113 g	129 g	174 g	143 g	191 g
Akku (bei Hochlast)	10,5 - 11,5 Std.	10 - 14,5 Std.	18 - 21 Std.	7 - 8 Std.	13,5 - 14,5 Std.
mobil telefonieren	ja	ja	ja	ja	ja
Bluetooth / WLAN	4.0 / ja	4.0 / ja	4.0 / ja	4.2 / ja	4.2 / ja
Kamera-Auflösung	8 MP / Full HD	8 MP / Full HD	8 MP / Full HD	12 MP / 4k	12 MP / 4k
Zusatzkamera / Blitzlicht	1,2 MP / True Tone	1,2 MP / True Tone	1,2 MP / True Tone	5 MP / Retina Flash	5 MP / Retina Flash
gemeinsame Merkmale	Verbindungsanschluss Lightning, Sprachassistent Siri, iMessage-Kurznachrichten, FaceTime, Apps für E-Mail, Internet surfen, Musik, Video, E-Books, Fotos, …				
Navigation und GPS-Ortung	ja	ja	ja	ja	ja
UMTS / HSPA	ja	ja	ja	ja	ja
LTE / NFC (Apple Pay) / Touch-ID	ja / nein / ja	ja	ja	ja	ja
SIM-Kartentyp	Nano-SIM	Nano-SIM	Nano-SIM	Nano-SIM	Nano-SIM
unterstützt Apple Watch	ja	ja	ja	ja	ja
Preis	ab 515 €	ab 620 €	ab 730 €	ab 735 €	ab 850 €
Bemerkungen / Farben	Gold, Silber, Space-Grau	Gold, Silber, Space-Grau	Gold, Silber, Space-Grau	3D-Touch-fähig / Gold, Silber, Roségold, Space-Grau	3D-Touch-fähig / Gold, Silber, Roségold, Space-Grau
test-Qualitätsurteil (getestetes Modell)	GUT 2,0 (16 GB)	GUT 2,0 (16 GB)	GUT (1,9) (16 GB)	GUT (2,1) (16 GB)	GUT (1,9) (16 GB)

Stand 10/2015. Quellen: Stiftung Warentest, Produktfinder Smartphones, Produktfinder Tablets. Für iPad Pro: Apple.

iPod touch 6G (07/2015)	iPad Air (10/2013)	iPad Air 2 (10/2014)	iPad mini 3 (12/2014)	iPad mini 4 (10/2015)	iPad Pro (11/2015)
16/32/64/128	16/32/64/128	16/64/128	16/64/128	16/64/128	32/128
A8/1 GB	A7+M7/ 1 GB	A8X+M8/ 2 GB	A7+M7/ 1 GB	A8+M8/ 2 GB	A9X+M9/ 4 GB
10,2 cm/4 Zoll	24,6 cm/9,7 Zoll	24,6 cm/9,7 Zoll	19,8 cm/7,8 Zoll	20,1 cm/7,9 Zoll	32,8 cm/12,9 Zoll
326 ppi	264 ppi	264 ppi	326 ppi	326 ppi	264 ppi
12,3 x 5,9 x 0,6	24,0 x 17,0 x 0,8	24,0 x 17,0 x 0,6	20,0 x 14,0 x 0,8	20,3 x 13,5 x 0,6	30,6 x 22,1 x 0,7
88 g	480 g	450 g	338 g	304 g	723 g
k. A. (8 Std. Video)	10:10 - 11:30 Std.	8:50 - 9:30 Std.	ca. 9:40 Std.	ca. 10 Std.	10 Std.
nein	nein	nein	nein	nein	nein
4.1/ ja	4.0/ ja	4.2/ ja	4.0/ ja	4.2/ ja	4.2/ ja
8 MP/ Full HD	5 MP/ Full HD	8 MP/ Full HD	5 MP/ Full HD	8 MP/ Full HD	8 MP/ Full HD
1,2 MP/ k. A.	1,2 MP/ nein	1,2 MP/ nein	1,2 MP/ nein	1,2 MP/ k. A.	1,2 MP/ nein

... Kontakte, Kalender, Erinnerungen, Notizen, Funktionserweiterung per App z. B. für „Festnetz"-Telefonie (VoIP, Skype), Soziale Netze, Chat, Shopping, Spiele, digitale Zeitungen, Zeitschriften und TV-Angebote

nur Karten	ohne Aufpreis nur Karten	ohne Aufpreis nur Karten	ohne Aufpreis nur Karten	ohne Aufpreis nur Karten	ohne Aufpreis nur Karten
nein	optional (+120 €)	optional (+120 €)	ja	optional (+120 €)	nur 128-GB- Modell
nein	ja/nein/ja	ja	ja/nein/ja	ja/nein/ja	ja/nein/ja
ohne	Nano-SIM	Nano-SIM	Nano-SIM	Nano-SIM	Nano-SIM
nein	nein	nein	nein	nein	nein
ab 219 €	ab 485 €	ab 560 €	ab 470 €	ab 420 €	vors. ab 849 €
Blau, Gold, Pink, Rot, Silber, Space-Grau	Silber, Space-Grau	Gold, Silber, Space-Grau	Gold, Silber, Space-Grau	Gold, Silber, Space-Grau	Gold, Silber, Space-Grau
–	GUT (1,8) (WiFi, 16 GB)	GUT (2,2) (WiFi, 16 GB)	GUT (2,2) (WiFi, 16 GB)	–	–

Snowden haben belegt, dass Staaten mitschnüffeln. Das Ausmaß allerdings überrascht. Sicher im Sinne von Betriebssicherheit ist die iCloud aber allemal. Mehr als andere schirmt Apple-Technik Kunden vor Angriffen durch Hacker oder Viren ab, und selbst ein Edward Snowden lobt die Anstrengungen von Apple. Doch auch Apple ist nicht unverletzbar, wie jüngste Schlagzeilen über erfolgreiche Hackerangriffe auf Apples AppStore zeigten.

Wer wirklich Herr über seine Daten sein will, hat als fortgeschrittener Anwender die Möglichkeit, eine Netzwerk-Festplatte und einen Router samt schnellem DSL-Anschluss zu konfigurieren. So können Sie mit Ihrer ganzen Familie eine eigene Cloud bauen – samt Spielfilmarchiv und IMAP-Server. Die Daten liegen so nicht „irgendwo da draußen". Dazu werden Geräte in verschiedenen Preissegmenten angeboten. Achten Sie auf einfache Bedienbarkeit per App, Möglichkeiten für nachträgliche Erweiterungen und eine leistungsstarke Internetleitung wie VDSL. Allerdings: Daten wie E-Mails werden natürlich weiterhin im Internet (zwischen)gespeichert.

Alle Mails überall

Das Besondere am iCloud-E-Mail-Dienst ist seine Ausrichtung auf mehrere Geräte: Mails, die Sie unterwegs etwa vom iPad versenden, finden Sie am PC ebenfalls im Ordner „Gesendete Mails" wieder. Dahinter steckt iCloud: Der Mailserver behält alle E-Mails und liefert Kopien an die Geräte aus, Veränderungen werden von einem Gerät über iCloud auf das andere Gerät kopiert. Adressen, Kalender – alles auf einem Stand.

Der Vorteil der Synchronisation ist klar: Hat sich die Handynummer eines Freundes geändert, dann tragen Sie dies an einem Gerät ein und schon erhalten alle anderen Geräte diese Änderung ebenso. Zwar können Sie Daten und Änderungen auch mit dem Programm iTunes mit Ihrem PC abgleichen, aber per iCloud ist das viel bequemer und am Mac auch zwingend.

Apple-ID: Die Papiere bitte

Ohne Apple-ID, quasi Ihre Kundenkarte, können Sie am iPhone nur Grundfunktionen nutzen. Wenn Sie schon einmal ein Musikalbum im iTunes Store gekauft haben, besitzen Sie bereits eine ID: jene E-Mail-Adresse, über die Sie seinerzeit den Kauf abgewickelt haben – samt einem Passwort von damals. Es ist nicht ratsam, diese ID ohne Grund aufzugeben, kopiergeschützte Medien sind an sie gekoppelt (DRM).

Neueinsteiger legen sich diese Apple-ID gleich beim ersten Einschalten an. Aber vielleicht wollen Sie das Prozedere vorziehen und sich später am iGerät viel mühselige Tipparbeit ersparen? Besuchen Sie mit dem Internet-Browser eines beliebigen Geräts https://appleid.apple.com, testen Sie, ob eine Ihrer Mail-Adressen als Apple-ID gedient hat (> *Ihre Apple-ID suchen*) oder wählen Sie dort > *Apple-ID erstellen*. Auch im Fall eines vergessenen Passworts kann diese Seite vorab weiterhelfen, aber auch während der Erstkonfiguration haben Sie dazu gleich noch Gelegenheit.

Auf die Plätze – fertig – iOS

Jetzt dürfen Sie Hand anlegen: auspacken, einschalten und Ihre ersten Schritte mit iPhone oder iPad unternehmen. Auf geht's!

Verschiedene Gerätetypen, ein System

Das Betriebssystem eint sie alle: Egal ob iPhone oder iPad – sogar der MP3-Spieler iPod touch nutzt als Fundament iOS. Apple erneuert sein mobiles Betriebssystem mittlerweile im Jahreszyklus und bis hinunter zum iPhone 4s und dem iPad 2 können alle Geräte mit der neuesten Version arbeiten. iOS 9 ist auch für Sie unverzichtbar, denn alle Abbildungen und Befehlsketten in diesem Buch spiegeln den im Herbst 2015 aktuellen Stand der Technik wieder.

Wer ein mehr als fünf Jahre altes Gerät besitzt, bleibt leider außen vor: Deren System iOS 6 und älter unterscheidet sich nicht nur optisch deutlich, sondern sie sind auch so leistungsschwach, dass sie heutigen Anforderungen an modernes und sicheres Surfen im Internet nicht mehr gewachsen sind. Allein beim iPhone 4 wollen wir noch ein Auge zudrücken: Hier arbeitet mit iOS 7.1.2 der sehr ähnliche Vorvorgänger. Besitzen Sie ein solches Gerät, können Sie den Großteil dieses Buches für sich gewinnbringend nutzen. Viele neue Funktionen aber bleiben Ihnen verwehrt.

Das ist drin

Für viele ist es ein besonderes Erlebnis, ein fabrikfrisches Apple-Gerät auszupacken – es existieren Abertausende Internetvideos von solch einem „Unboxing". Tatsächlich verströmt Ihr Originalkarton einen Hauch von Neuwagen beim Öffnen, bevor Sie das spektakulä-

Netzteil

Lightning-
Kabel

re Gerät zu sehen zu bekommen. Unspektakulär hingegen ist die Zubehörausstattung:

▶ **USB-Netzteil** für die Steckdose

▶ **USB-Lightning-Kabel** zum Anschluss von Netzteil oder PC an dem einen und von Ihrem Gerät an dem anderen Ende

▶ **Ein Stereo-Headset** (nur beim iPhone)

▶ **Kleines Spezialwerkzeug** zum Öffnen des SIM-Karten-Lesers, das man auch durch eine aufgebogene Büroklammer improvisieren kann nur bei Geräten mit Mobilfunk)

▶ **Kurzanleitung,** Garantiehinweise und ein paar Aufkleber

→ Hört sich gut an

An iPhone und iPad können Sie jeden handelsüblichen Kopfhörer mit 3,5-mm-Klinkenanschluss („Miniklinke") benutzen. Manche Kopfhörer haben auch ein Mikrofon eingebaut, dann spricht man von einem „Headset" – so haben Sie beide Hände frei beim Telefonieren. Diese Headsets haben einen Kontakt mehr auf dem Stecker und müssen speziell auf Apple ausgelegt sein. Andere Modelle betreiben Sie kabellos mit dem Kurzstreckenfunk **Bluetooth**.

Bewahren Sie den Karton und die Versiegelungsfolie gut auf, es steigert in jedem Fall den Wert eines Gebrauchtgerätes – egal ob als Geschenk oder beim Wiederverkaufen. Verkratzte Netzteile, runtergehörte Headsets und zerschlissene Kabel lassen sich ersetzen – besonders günstig bei www.ebay.de.

→ Darf es ein wenig mehr sein?

Ihr iPhone sollten Sie von Anfang an schützen. Die einfachste Möglichkeit ist ein sogenannter „Bumper", ein Kantenschutz, der auch überstehende Teile wie die Lautsprechertasten oder die Kameralinse überragen sollte. Diese zehn Euro stehen in keinem Verhältnis zu den weit über einhundert Euro Reparaturkosten nach einem unglücklichen Sturz auf den gefliesten Küchenfußboden. Bei den iPads haben sich Hüllen bewährt, deren Deckel den großen Bildschirm schützen, das Gerät auch verriegeln und zudem – clever gefaltet – Pultaufsteller oder Ständer für das iPad als solches sind („Smart Case"). Ohne Gehäuseschutz gibt es den Deckel auch einzeln: Er nennt sich „Smart Cover" und haftet magnetisch. Für das Display aus speziell gehärtetem und beschichtetem Glas sind Schutzfolien bei etwas rücksichtsvollem Umgang überflüssig, sie verringern die Brillanz des Displays merklich.

Bitte überprüfen Sie Ihr Gerät auf Produktions- oder Transportschäden, kleinste Beulen an der Aluminiumunterseite oder sichtbare Kratzer müssen Sie bei dem hohen Anschaffungspreis eines Neugeräts keinesfalls hinnehmen. Bei dieser Inaugenscheinnahme möchten wir Ihnen die wichtigsten Bedienelemente an der Hardware selbst vorstellen – viele sind es nicht.

▶ **Der Bildschirm** dominiert iPhone und iPad. Wie Sie schon wissen, ist er nicht bloß Anzeige-, sondern auch Eingabegerät. Besonderes Highlight bei den ganz neuen iPhone-Modellen der Reihe 6s ist, dass deren Display nicht nur die Berührung an sich registriert, sondern auch die Stärke des Fingerdrucks – und seinerseits mit unterschiedlichen Vibrationen reagiert. Diese Technik wird im hinteren Buchteil thematisiert (siehe „3D-Touch", S. 189).

▶ **An der kurzen, unteren Seite** finden Sie mittig den etwas ovalen Lightning-Anschluss für das mitgelieferte Lade- und Datenkabel. Bei Altgeräten ist dies noch der längliche, 30-polige Dock Connector.

▶ **Genau dazwischen liegt die kreisrunde Home-Taste.** Das ist der zentrale Knopf und bei den jüngeren Modellen zugleich Sensor für Ihren Fingerabdruck, wenn Sie diesen komfortablen Sicherheitsmechanismus nutzen wollen (Touch-ID).

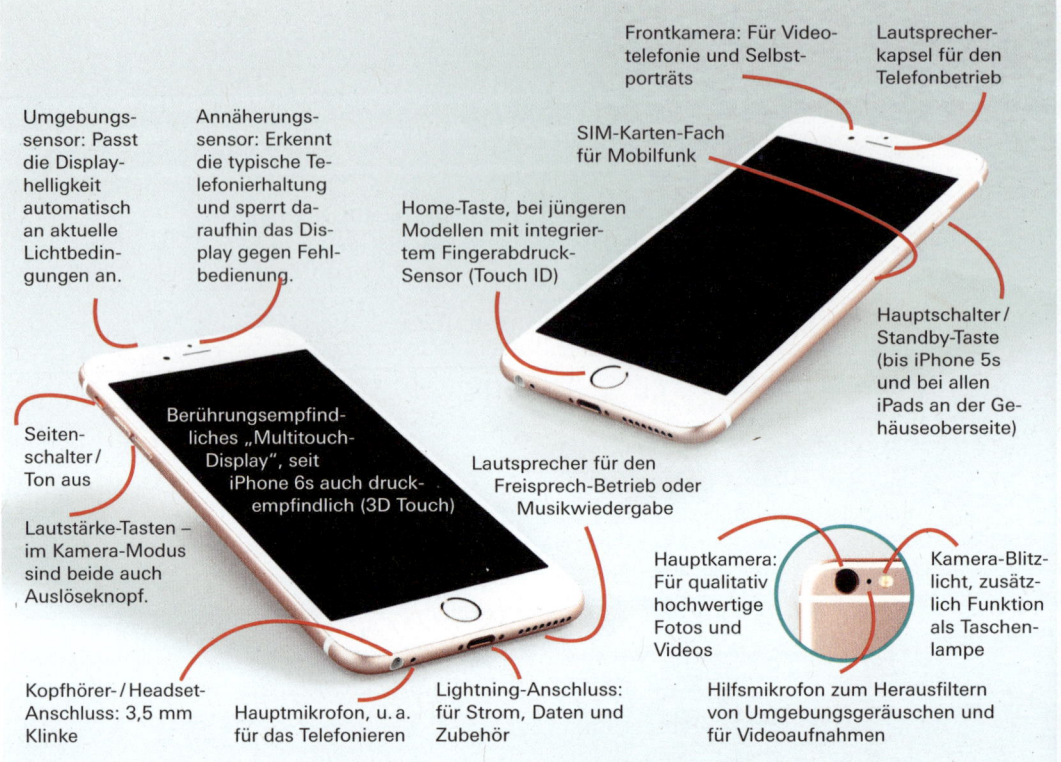

Umgebungssensor: Passt die Displayhelligkeit automatisch an aktuelle Lichtbedingungen an.

Annäherungssensor: Erkennt die typische Telefonierhaltung und sperrt daraufhin das Display gegen Fehlbedienung.

Frontkamera: Für Videotelefonie und Selbstporträts

Lautsprecherkapsel für den Telefonbetrieb

SIM-Karten-Fach für Mobilfunk

Home-Taste, bei jüngeren Modellen mit integriertem FingerabdruckSensor (Touch ID)

Hauptschalter / Standby-Taste (bis iPhone 5s und bei allen iPads an der Gehäuseoberseite)

Seitenschalter / Ton aus

Berührungsempfindliches „Multitouch-Display", seit iPhone 6s auch druckempfindlich (3D Touch)

Lautsprecher für den Freisprech-Betrieb oder Musikwiedergabe

Lautstärke-Tasten – im Kamera-Modus sind beide auch Auslöseknopf.

Hauptkamera: Für qualitativ hochwertige Fotos und Videos

Kamera-Blitzlicht, zusätzlich Funktion als Taschenlampe

Kopfhörer- / Headset-Anschluss: 3,5 mm Klinke

Hauptmikrofon, u. a. für das Telefonieren

Lightning-Anschluss: für Strom, Daten und Zubehör

Hilfsmikrofon zum Herausfiltern von Umgebungsgeräuschen und für Videoaufnahmen

► **An der langen Seite** (beim iPhone links, beim iPad rechts) zwei Tasten für die Lautstärkeregelung und den sogenannten Seitenschalter, mit dem Sie entweder Tonsignale an- und abschalten (Voreinstellung) oder (nach gesonderter Aktivierung in der Einstellungen-App) beim Drehen des Geräts das automatische „Mitkippen" der Anzeige unterbinden (Ausrichtungssperre & Ton aus).

► **An der oberen Seite** (wegen der besseren Handhabbarkeit bei allen iPhones der 6er-Reihe an der rechten Seite oben) sitzt mit der Standby-Taste der eigentliche Hauptschalter. Ein kurzer Druck schickt das Gerät in einen leichten Schlummer, mit langem Druck leiten Sie die Start- oder Abschaltsequenz ein, deutlich länger gedrückt erzwingen Sie das komplette Abschalten.

► **Der kreisrunde Kopfhöreranschluss** (Miniklinke 3,5 mm) ist mal oben, mal unten – immer an der kurzen Seite nahe einer Ecke.

► **Geräte mit Mobilfunk besitzen zudem** eine Aufnahme für die SIM-Karte Ihres Providers an einer der langen Seiten.

Statuszeile: Anzeige des aktuellen Providers, der Signalstärke und -art (z.B. LTE), der WLAN-Empfangsqualität, Uhrzeit, GPS, Bluetooth-Status, Akkustand sowie spezieller Betriebsmodi (Nicht stören, VPN etc.)

App. Mit einem Tipp auf das Symbol wird sie gestartet

Homescreen: Bedienoberfläche zum Starten und Verwalten von Apps. Kann durch den Anwender angepasst werden

Dock: Schnellzugriff auf wichtige Apps. Bleibt auf weiteren Homescreens identisch. Lässt sich frei konfigurieren.

Oberes Menüband einer App: Tasten zum Umschalten der Ansicht, navigieren, hinzufügen von Objekten und Suchfunktion.

Home-Taste:
Einfacher Druck: Schickt aktuelle App in den Hintergrund und zeigt Homescreen an.
Langer Druck: Startet Siri.
Doppelklick startet Programmumschalter.

Unteres Menüband (nicht in jeder App): Zeigt Befehle zur Navigation und Organisation an.

Programmfenster der App: Hier mit Kalender-Tagesansicht im Detail.

→ Reboot tut gut

Üblicherweise werden Sie iPhone und iPad nicht abschalten, einige Funktionen wie das automatische **Backup** arbeiten nur in den Nachtstunden. Computern tut es aber gut, wenn Sie nach Tagen des Gebrauchs unnötigen Ballast aus den Speichern loswerden können – sonst fühlen sie sich in der Bedienung „klebrig" an und reagieren verzögert. Bei iPhone und iPad ist es nicht anders, ein Neustart (engl.: reboot) wirkt Wunder.

Strom tut not

Die Achillesferse unserer mobilen digitalen Welt ist der schnell vergängliche Akkustrom. Moderne Stromspeicher verlieren ihre Kapazität aber nur langsam, einen „Memory-Effekt" gibt es nicht mehr – mit vollem Akku schafft man einen (Arbeits-)Tag und noch mehr bei üblicher Benutzung. Wahrscheinlich ist der Akku in Ihrem Neugerät bereits vorgeladen und Sie können es umgehend in Betrieb nehmen. Ist er es nicht, erkennen Sie das zunächst nur daran, dass gar nichts passiert. Bitte keine Panik aufkommen lassen: Verbinden Sie Ihr iGerät per Datenkabel und N8,5 Netzteil mit der Steckdose – und nach einigen Minuten des Wartens glimmt der Bildschirm auf mit einem Symbol für zu niedrigen Akkustand. Wieder einige Minuten später schaltet es sich von selbst in den Bereitschaftsmodus. Sie können es nun starten und angeschlossen lassen oder abwarten und durchladen. Wintertemperaturen setzen der Leistungsfähigkeit des Akkus genauso zu wie die pralle Sonne an einem heißen Sommertag. Am wohlsten ist den Smartphones und Tablets bei 20 °C Raumtemperatur, oberhalb von 40 °C und unterhalb des Gefrierpunkts fallen iPhone und iPad sehr bald in Stase und deaktivieren alle Funktionen bis auf die eigene Lebenserhaltung. Das Display informiert darüber.

Info

Das Gerät teilen: Nutzen Sie und ein Familienmitglied das Gerät parallel, sind folgende Tipps nützlich:

▶ Sind Sie selbst schon länger Apple-Nutzer, ist es gar nicht unwahrscheinlich, dass Ihre Apple-ID auch Ihre iCloud-ID (siehe Seite 191, 179) ist. Wollen Sie nicht, dass alle anderen Nutzer des Geräts auch Ihre E-Mails und Termine sehen können, sollten Sie auf einen neuen iCloud-Account umziehen. Mehrere Nutzer können auch auf einem Gerät ohne Problem verschiedene E-Mail-Konten besitzen.

▶ Mit iOS 8 und iTunes 11.4 wurde die gemeinsame Nutzung von Apps und anderen Medien endlich benutzerfreundlicher: Apple hat die „Familienfreigabe" erfunden (siehe „Familienfreigabe", S. 199). Bis zu fünf Mitglieder können auf ihren Geräten die gleichen Programme nutzen, aber auch Teamfunktionen (z. B. Termine) ohne weitere Konfiguration verwenden.

Alles auf Start

Nun geht's aber wirklich los. Doch ist bei Ihnen auch alles bereit?

▶ **Freigeschaltete** und mit Datendiensten aktivierte Micro- oder Nano-SIM für iPhone beziehungsweise die iPad-Modelle mit Mobilfunk. Und die vierstellige PIN für diese SIM-Karte!

▶ **Die mitgelieferte Spezialnadel** oder zumindest eine aufgebogene Büroklammer für das SIM-Karten-Fach.

▶ **Ein vertrauenswürdiges WLAN,** dessen Zugangsdaten Sie kennen. Mobilfunkmodelle können auch direkt per Datenfunk einsteigen.

▶ **Zündende Ideen** für den ersten Teil der E-Mail-Adresse in Apples iCloud, falls Sie auf einen weitverbreiteten Namen wie Peter Müller hören.

▶ **Ein Passwort** mit mindestens acht Zeichen, darunter auch Sonderzeichen und Ziffern.

▶ **Am besten auch Ihre Kreditkarte** oder eine iTunes-Geschenkkarte ab 15 Euro von der Supermarktkasse.

▶ **Und ein wenig** ungestörte Zeit.

Stöpseln Sie Ihr neues Gerät am besten erst vom Ladekabel ab, wenn die abgebildete Batterie vollständig grün leuchtet. Dann ist der Ladevorgang beendet. Ein Druck auf die Home- oder Standby-Taste genügt, um im Display den Akkustand zu sehen. Und suchen Sie sich ein bequemes, sicheres Plätzchen, an dem auch Ihr neues iPhone oder iPad nicht tief oder sogar ins Wasser fallen kann, sondern „gut aufgestellt" ist oder bequem in der Hand liegt.

→ **Einrichtung: Zu zweit geht's besser**

Wenn ein Freund oder Familienmitglied Sie bei der Ersteinrichtung unterstützt oder Sie selbst Ihrem Partner fachkundig beistehen, sind die folgenden Tipps nützlich:

Versuchen Sie bitte nicht – erst recht nicht nachträglich – von Ihrem PC (Ihrem Benutzerkonto) aus, das iOS-Gerät Ihres Partners oder Schützlings mit Musik, TV-Mitschnitten und E-Books zu bestücken. Man richtet mittelfristig mehr Schaden und Verwirrung an als Nutzen und Freude. Stattdessen erhält der iOS-Einsteiger ein eigenes Benutzerkonto unter Windows oder Mac OS X. Weitere Unterstützung erhalten Sie auf Ihrem PC unter „Systemsteuerung" bzw. „Systemeinstellungen".

Diese saubere Trennung ermöglicht zu einem späteren Zeitpunkt den einfachen Datenumzug von Ihrem jetzt sehr hilfreichen PC auf ein zum Beispiel erst im nächsten Jahr in den Haushalt einziehendes Notebook. Dann wird man den PC auch rücksichtslos von dem Datenballast befreien können, ohne die eigenen, persönlichen Daten in Gefahr zu bringen.

Sind Sie bereits iTunes-Kunde? Kennt Apple Ihre Kreditkarte? Und E-Mail-Adresse? Die ist dann Ihre persönliche Apple-ID. An sie sind alle Einkäufe gebunden, die Sie bereits getätigt haben. Filme, Apps und E-Books haben einen Kopierschutz.

Verboten ist es nicht, unter Familienmitgliedern und engen Freunden Musik zu tauschen oder Filme und Bücher, auch solche mit Kopierschutz. Das bezeichnen Juristen als Privatkopie. Der von Ihnen so geschätzte Künstler oder Autor aber verdient eigentlich etwas mehr von Ihnen als gar keinen Cent.

Info

Einrichtung wiederholen: Wer bereits ein fertig konfiguriertes iOS-Gerät besitzt, kann die folgenden Schritte erst nach einem Zurücksetzen und damit einer Komplett-Löschung des Geräts nachvollziehen. Sofern Sie ein Backup besitzen (am besten per iTunes am PC), können Sie diese Datensicherung im weiteren Verlauf wieder zurückspielen.

Bei dieser familiären Nutzung von Medien wird es wegen des Kopierschutzes irgendwann unerlässlich, dass man am iPad oder iPhone des Schützlings die eigene persönliche Apple-ID samt Kennwort eintragen muss (> Einstellungen > iTunes und AppStore). Das ist gerade noch okay, aber verrät man das Kennwort, kann der Schützling zukünftig die ganze Firma Apple leerkaufen. Besser wäre es möglicherweise, Ihren Schützling unter das Dach von Apples neuer Familienfreigabe zu stellen.

Sollten Sie schon länger Apple-Nutzer sein, dürfte Ihre Apple-ID auch Ihre iCloud-ID sein. Wenn Sie sich nicht die kleine Mühe mit der Familienfreigabe machen, dann kompromittieren Sie Ihre E-Mails, Termine und Privatfotos. Sollte das schon passiert sein, dann besteht der Ausweg nur darin, dass man selbst von dem einen, kompromittierbaren iCloud-Account in einen ganz neuen iCloud-Account umzieht.

Als Faustregel kann folgendes Beispiel gelten: Ein Ehepaar ohne Geheimnisse voreinander und mit gemeinsamem Bankkonto kann sich eine Apple-ID und damit einen iCloud-Account genauso wie ein Handy gleichberechtigt teilen. Trotzdem kann jeder Partner seine eigene E-Mail-Adresse haben, auch gratis und von Apple. Aber beide Eheleute können beim jeweils anderen mitlesen und in dessen Namen antworten.

Ich möchte mein Gerät betriebsbereit machen

1   Schalten Sie zunächst das Gerät aus, indem Sie lange auf den Hauptschalter (Standby-Taste) oben drücken. Sollten Sie Ihr Gerät stattdessen gerade einschalten, so wiederholen Sie diesen Schritt nach einigen Sekunden einfach.

2   Das Display verändert sich, tippen Sie mit einem Finger auf den roten Knopf und schieben Sie ihn nach rechts. Sie erlernen jetzt Ihre erste Geste, die Geste des Wischens.

3   Nach einiger Zeit ist iOS heruntergefahren – nun ist das Gerät ganz ausgeschaltet. Künftig werden Sie Ihr iOS-Gerät üblicherweise

„schlafen" lassen und wieder aufwecken, indem Sie den Bildschirm (ent)sperren.

4 In ein Gerät mit Mobilfunkmodem müssen Sie jetzt die SIM-Karte für das Mobilfunknetz einsetzen. iPod touch- und iPad Wi-Fi-Besitzer überspringen diese Punkte und machen bei Schritt 11 weiter.

5 Nehmen Sie die mitgelieferte Klammer und drücken Sie die Spitze beherzt und im rechten Winkel in das winzige Loch des SIM-Fachs auf der Längsseite.

6 Eine kleine Lade geht auf. Ziehen Sie diesen Kartenhalter vorsichtig heraus.

7 Stecken Sie nun die SIM-Karte so in den Kartenhalter hinein, dass die Ecke mit Knick an der entsprechend geformten Stelle der Lade liegt. Beim Einschieben der Lade zeigt die goldene Chipseite nach unten!

8 Halten Sie den Hauptschalter am Gehäuse wieder einen Moment gedrückt (> *Einschalten*). Sie sehen einen weißen Apfel auf dem Bildschirm – iOS startet. Nach einer guten halben Minute ist das Gerät betriebsbereit und der Startbildschirm erscheint. Haben Sie kein WLAN zu Hause, warten Sie bitte einen Moment ab,

bis in der Statusleiste oben links Signalstärke-Punkte und Netzgeneration (z. B. 3G oder LTE) signalisiert werden – das Gerät bucht sich ins Handynetz ein.

9 Ihre SIM-Karte ist „gesperrt" (engl.: locked)? Macht nichts: Folgen Sie der Anweisung mit einem Fingerspitzenstups auf die Unlock-Taste (= aufschließen) zum > *Entsperren*. Nebenbei haben Sie gerade die Geste des Tippens, einer kurzen Berührung des Touchscreens, erlernt.

10 Tippen Sie die vier Ziffern Ihrer SIM-PIN ein (korrigieren Sie evtl. mit der Löschtaste unten rechts) und bestätigen Sie, indem Sie auf *> OK* tippen.

11 Beginnen Sie nun mit der eigentlichen Konfiguration und wischen Sie den Schalter in Richtung der mehrsprachigen Anweisungen, also nach rechts.

12 Es folgt der Bildschirm zur Spracheinstellung. Sie können eine andere Sprache wie Türkisch oder Arabisch selbstverständlich auch nachträglich auswählen (*> Einstellungen > Allgemein > Sprache & Region*).

13 Tippen Sie bitte auf *> Deutsch*, damit sich im weiteren Verlauf zwischen uns kein Sprachwirrwarr entwickelt.

→ **Typische Interaktion mit iOS**

Die Displayanzeige gliedert sich (hier und auch später in den Apps) immer nach denselben Aspekten: Ganz oben in einem schmalen Streifen sitzt die Statuszeile, u. a. mit Uhrzeit und Akkustand, daran schließen sich daumenbreit das Menüband und schließlich das eigentliche Programmfenster an. Die meisten Apps kennen auch ein unteres Menüband.

14 Dieser Schritt führt Sie in das obere Menüband: Sie finden es unterhalb der Statuszeile und darin jetzt links das blau unterlegte Wort „Zurück", eine Taste, mit der Sie zurück in die vorherige Einstellung springen. Überall in iOS, in den Einstellungen und bei vielen Apps ist oben links jene Zurück-Taste, auch wenn sie einen anderen Namen trägt – sie führt immer zurück bzw. eine Ebene höher. Hier ist aber Platz für noch mehr Tasten – und jede App zeigt hier ihre wichtigsten Befehle. Bitte springen Sie tatsächlich einmal *>Zurück* und wiederholen Sie Schritt 13 – bloß zum Training. Sie können fast jeden Schritt in jeder App widerrufen.

15 Die Hauptfläche des Bildschirms belegt das Programmfenster, in diesem Fall füllt diesen Bereich eine Liste aus. „Deutschland" ist vom System schon an erster Position vorgeschlagen. Aber es geht noch viel weiter – Sie könnten ja auch in Österreich wohnen: Schubsen Sie als kleine Handgelenksgymnastik mit Daumen- oder Fingerspitze die Liste auf- und abwärts, denn so geht's immer weiter: tippen, wischen und bestätigen.

16 In der nächsten Liste wählen Sie Ihr eigenes WLAN. Für ein „unsichtbares WLAN" (SSID unterdrückt) wählen Sie *> Anderes Netzwerk verwenden*, alternativ können die geeigneten Geräte auch direkt in das Mobilfunknetz gehen, diese beiden Funktionen rufen Sie über die jeweiligen Tasten ganz unten in der Liste auf.

17 Ihr WLAN ist (so sollte es sein) verschlüsselt, deswegen werden Sie das entsprechende Passwort eingeben müssen. Hier treffen Sie zum ersten Mal auf die virtuelle Bildschirmtastatur und auch die verdient bereits jetzt einen genaueren Blick.

Kleiner Exkurs: Die Ebenen der Bildschirmtastatur

Wie auf der Schreibmaschine stehen da die Buchstaben, sogar samt Umlauten Ä, Ö, Ü. Drücken Sie die Taste „q", schreiben Sie ein kleines q.

Für ein großes W bitte zunächst die Großbuchstaben-Taste antippen (Shift, Umschalt). Es ist die links mit dem Pfeil nach oben, wie

auch bei der Schreibma-
schine – und der Pfeil
wurde jetzt schwarz.

Um dauerhaft groß zu
schreiben, tippen Sie diese Taste zweimal kurz hin-
tereinander an (die Geste
des Doppeltippens). Mit
einem Unterstrich signalisiert die Taste jetzt die Sonderfunktion
der festgestellten Hochstelltaste (Caps Lock). Ein weiteres Antippen
und Sie schreiben wieder normal.

Zu Klein- und Großbuchstaben, den ersten zwei Funktionsebenen
der Tastatur, gesellen sich noch Ziffern und Sonderzeichen. Die finden Sie (aus Platzgründen) nicht in der obersten Tastenreihe, sondern mit einem Fingertippen auf die Zahlentaste (links unten):
Flugs haben Sie auf allen Tasten eine andere Belegung – die dritte
Ebene ist erreicht.

Die vierte Ebene (Sie ahnen es schon, denn aus der Hochstelltaste
ist eine #+=-Taste geworden) beheimatet noch seltenere Zeichen,
die manch eine Schreibmaschine gar nicht kennt.

Zurück auf die Ebene der Kleinbuchstaben geht es wieder mit einem Fingertipp ganz links unten, dieselbe Taste zeigt folgerichtig
(statt 123 nun) ABC an.

Noch mehr Sonderzeichen verstecken sich hinter einigen Buchstaben: Sie finden etwa das „ß" durch längeres Antippen (> *Halten*) des

„Mutterbuchstabens" und > *Auswählen* (kontrolliertes Wischen). Lassen Sie also beim Wechsel vom kleinen „S" auf „ß" nicht los.

Die „Smiley"-Taste bietet Ihnen Zugriff auf lustige Gesichter und Symbole, zurück geht es mit > *ABC* auf die normale Tastatur. Die Mikrofon-Taste aktiviert den Diktat-Modus, kann jetzt aber noch nicht genutzt werden.

iPad-Benutzer können die Tastatur auch ganz verschwinden lassen. Dafür ist die „Tastatur-Taste" in der unteren rechten Ecke zuständig. Sie kommt automatisch zurück, sobald Sie in einen Bereich tippen, in dem Sie Text eingeben wollen. Immer.

Den ganzen Nonsens, der jetzt möglicherweise in Ihrem Kennwortfeld steht, tilgen Sie bitte durch Antippen (oder Halten = längeres Drücken) der Löschtaste, jener mit dem linksgerichteten Pfeil und dem X darin. Geben Sie nun bitte Ihr korrektes WLAN-Kennwort ein und > *Verbinden* Sie per Tipp auf eine der blauen Tasten.

18 Nun beginnt die Aktivierung, ein Prozess, bei dem Ihr Gerät nach Hause zu Apple funkt. Das kann bis zu drei Minuten dauern.

19 Auch Ortungsdienste müssen aktiviert werden, falls Sie Karten und andere Navigationsmöglichkeiten von Beginn an nutzen möchten. Keine Sorge, das und vieles andere können Sie später auch wieder deaktivieren oder feiner regeln.

20 Die meisten jüngeren Geräte fordern Sie nun auf, Ihren Fingerabdruck zu hinterlassen. Verzichten Sie nicht ohne Grund auf diesen Komfort, künftig ohne Code oder Passwort Ihr Gerät sozusagen per Handauflegen zu entsperren. Die Displayanzeige begleitet Sie bei diesem Vorgang. Wichtige Details zu Touch-ID haben wir im Glossar zusammengefasst.

< Zurück

Ortungsdienste

Anhand der Ortungsdienste können „Karten" und andere Apps und Dienste, wie „Mein iPhone suchen", Daten erfassen und verwenden, die auf Ihren ungefähren Standort verweisen.

Über Ortungsdienste

Ortungsdienste aktivieren

Ortungsdienste deaktivieren

21 Alle Geräte verlangen außerdem nach einer Zugangssperre. Bei Geräten ohne Touch-ID sollte dies mindestens ein sechsstelliger Zahlencode sein. – Ihr Geburtsdatum? Die PIN einer Geldkarte ergänzt um zwei Nullen? Ein „echtes" Passwort (alphanumerischer Code) ist im Alltag ohne Fingerabdruck-Sensor sehr lästig. Mit Touch-ID gibt es ein Mehr an Sicherheit, ohne zu nerven. Wählen Sie also Ihre bevorzugte *> Codeoption*. Zur Sicherheit gegen Tippfehler müssen Sie die Eingabe stets einmal wiederholen.

22 Sie können Ihr Gerät jetzt *> als ein neues Gerät einrichten*. Falls etwa Ihr altes iPad gestohlen wurde, Sie aber ein Backup haben (per iCloud oder besser per PC, Datenkabel und iTunes), sollten Sie dies jetzt auf das neue Gerät spielen – Sie sparen sich viel der nachfolgenden Arbeit. Der Diebstahl der teuren Hardware war sicher ärgerlich, aber die Software – Apps, Fotos und all Ihre persönlichen Daten – sind ja dank automatischer Sicherung nicht verloren gegangen. Neu in iOS 9 ist,

Daten automatisiert auch von einem Android-Gerät übernehmen zu können. Diese Option haben Sie nur (jetzt) im Einrichtungs-Assistenten (siehe Kasten S. 43).

23 Falls Sie schon eine Apple-ID besitzen, geben Sie diese bitte samt gültigem Passwort ein und springen weiter zu Punkt 31. Eine iCloud-Mail-Adresse können Sie auch im Anschluss in *> Einstellungen > iCloud* anfordern. Neueinsteiger bitten über den blauen Link um eine neue kostenlose Apple-ID. Folgen Sie einfach den Anweisungen auf dem Bildschirm und den nächsten Schritten im Buch. Auch vergessliche Anwender und Profis, die mit zwei IDs hantieren können, bekommen hier Hilfe.

24 Beginnen wir mit der Apple-ID-Einrichtung und Ihrer iCloud-E-Mail-Adresse. Zunächst lernen Sie ein weiteres Bedienelement von iOS kennen: Zum Einstellen Ihres Geburtstags verwenden Sie digitale Schwungräder, die Sie per Wischgeste bedienen. Im oberen Menüband finden Sie jetzt die Taste *> Weiter*. Nach da oben rechts werden Sie jetzt regelmäßig tippen.

25 Das wird jetzt ein wenig mühselige Tipp-, Wisch- und Weiterarbeit. Tippen Sie erst Ihren Namen im Klartext und daraufhin das gewünschte Präfix Ihrer neuen E-Mail-Adresse ein, also wahrscheinlich Ihren Vor- und Nachnamen, wenn nicht ausgerechnet Sie Peter Müller sind. Variieren Sie die Schreibweise, indem Sie mit „." (Punkt), „-" (Bindestrich) die Namensteile trennen, einen zweiten Vornamen (abgekürzt?) einbauen oder eine Postleitzahl anfügen.

Bequemerweise sind nur Kleinbuchstaben notwendig, aber deutsche Sonderzeichen muessen Sie z. B. zu ss aufloesen. Und: > *Weiter*.

26 Gut, die Adresse steht. Jetzt geht es an das Passwort, speziell für die Apple-ID. Sie haben die Tipps dazu im Glossar vielleicht schon gelesen. Bitte geben Sie Ihren Kandidaten ein und wiederholen Sie (mit Tipp ins nächste Feld) die Eingabe zur Sicherheit. Und: > *Weiter*.

27 Genügt der Kandidat den Ansprüchen (Kleinbuchstaben, Großbuchstaben, Ziffern), werden Sie nun um Beantwortung dreier Sicherheitsfragen gebeten: Das ist ein Sicherheitsnetz für vergessene Passwörter, Sie können aus der Liste unten mit vertikalem Wischen aus einigen Fragen auswählen. Ihre Antworten darauf (und zwar genau so, wie Sie sie jetzt schreiben) retten Sie im Fall der Fälle: Hieß Ihr Lieblingslehrer von früher Hanns Meyer, ist „Hans Meier" eine falsche Antwort, die Sie beim Wieder-Freischalten des Passworts auf appleid.apple.com später einmal nicht voranbringen wird. Bitte hinterlegen Sie – optional – eine weitere E-Mail-Adresse. Das kann eine eigene sein oder die eines engen Familienmitglieds. Diese Adresse benutzt Apple zur „Reserve", sollten Sie sich aus der iCloud ausgeschlossen haben.

28 Wollen Sie Werbung von Apple erhalten, aktivieren Sie E-Mail-Updates. Wenn nicht, lassen Sie es blind geschaltet.

29 Lesen Sie die klein gedruckten Servicebedingungen und akzeptieren Sie sie – ansonsten können Sie das Gerät nicht in Betrieb nehmen.

30 Ihre Apple-ID wird nun erstellt oder das Gerät auf Ihre bestehende ID eingerichtet – und alle iCloud-Dienste schalten sich jetzt ein. Sie akzeptieren hierfür weitere Nutzungsbedingungen.

31 Auf Ihren Wunsch hin speichert Apple Ihre Passwörter für Onlinedienste und WLANs im iCloud-Schlüsselbund, einem extra verschlüsselten Bereich, und synchronisiert diese Informationen auch mit anderen Apple-Geräten (siehe „iCloud ...", S. 14).

32 Als Sicherheitscode können Sie jenen Zahlencode nutzen, den Sie bei Schritt 21 als „Geräte-Kennwort" erzeugt haben. Aber Sie können – und das ist besser – auch ein komplexeres benutzen, etwa den für Ihre Apple-ID und die iCloud-Dienste.

33 Als weiteren Teil Ihres Sicherheitsnetzes geben Sie bitte auch eine Telefonnummer (ohne Vorwahl-Null) an, mit der Sie SMS empfangen können. Natürlich darf es die iPhone-Nummer sein. Zu den Hintergründen lesen Sie im Glossar mehr zur „Zwei-Faktor-Autorisierung".

34 Jetzt können Sie auch die Spracherkennungssoftware Siri einschalten. Dieser Helfer, symbolisiert mit dem Mikrofon, ist ein tolles Feature, das aber stets Internet braucht.

35 Bei den iPhone-Plus-Modellen werden Sie nun nach Anzeige-Zoom oder Standard-Darstellung gefragt. Hatten Sie bis hierhin schon Mühe mit Ihren Augen, dann wählen Sie die vergrößerte Bildschirmdarstellung.

36 Damit Apple sein Produkt verbessern kann, können Sie unter *> Diagnose & Nutzung* technische Informationen an den Hersteller senden. Sie dürfen das ablehnen, auch später in den Datenschutz-Einstellungen. Das gilt sinngemäß auch für Apps von anderen Anbietern.

37 Hurra! Geschafft!

Willkommen beim
iPhone

Los geht's

Info

Umsteiger von der Android-Plattform können Ihr Google-Konto und die Mehrzahl Ihrer Daten einfach mit iPhone oder iPad übernehmen. Aber das funktioniert nur in einem WLAN, denn die Datenmengen übersteigen schnell typische Inklusivvolumina.

Nehmen Sie Ihr Android-Gerät zur Hand, stellen die Verbindung ins WLAN sicher und laden Sie aus dem Google Play Store die App „Move to iOS" (dt.: Auf iOS übertragen) – Apples bislang einzige Android-App. Sie wollen ja umfangreich persönliche Daten übertragen, folglich müssen Sie der App beim Start umfangreiche Zugriffsrechte gewähren.

Nun wartet das Android-Gerät auf einen 10-stelligen Code. Den verrät Ihnen Ihr iOS-Gerät Ihnen gleich: Hier starten Sie nach Festlegen des Gerätecodes (Schritt 22) jetzt den Import.

Nach Eingeben des Codes können Sie noch eingrenzen, welche Daten übernommen werden sollen – und dann heißt es: abwarten. Wir wollen aber nicht unterschlagen, dass wir bei unseren Tests mit dem Import mehrmals we-

Move to iOS
Apple Inc.

Wird installiert...

50 TAUSEND	1,7	Tools	Ähnlich
Downloads	30.745 ≛		

Umzug in iOS überträgt Ihre Daten
sicher von Android auf iPhone oder

gen WLAN-Verbindungsabbrüchen gescheitert sind. Planen Sie also am besten ein wenig Zeit für den Umzug ein.

Ihr Google-Konto (ohne lokal gespeicherte Fotos und Medien) können Sie aber auch später in *> Einstellungen > Mail, Kontakte, Kalender als > Account* hinzufügen.

Natürlich kann Apple die Reihenfolge des Assistenten auch ändern (und hat es mit iOS 9 auch wie erwartet getan), zukünftige Geräte wie das iPad Pro könnten also zusätzliche Fragen stellen.

Herzlich willkommen bei Apple

Jetzt sind Sie im Spiel! Auch wenn Sie eine oder zwei Stunden gebraucht haben für die Einrichtung, weil auf Ihrem Weg doch ein Stolpersteinchen lag, dann ist das ein respektables Ergebnis. Ihr neues digitales Zuhause steht, Sie müssen nur noch eintreten. Das dürfen Sie gern auf morgen verschieben.

Sollten Sie aber unterwegs grandios gescheitert sein: Fangen Sie einfach noch einmal von vorn an, denn auch der Assistent kann mal stolpern. Drücken Sie in solchen Fällen innerhalb des Einrichtungs-Assistenten zunächst nur die *> Zurück-Taste*, um sich dann wieder vorzuarbeiten. Klappt das nicht, kann das Aus- und Einschalten helfen. Steckt der Assistent fest, dann drücken Sie kurz die *> Home-Taste*, um ein Menü aufzurufen, in dem Sie einen *> Neustart* mit Gerätelöschung veranlassen können.

→ Wisch & Weg: Das Display sauber halten

Kümmern Sie sich auch um die richtige Pflege Ihres Geräts. Drücken Sie kurz die Standby-Taste oben am Gehäuse, um Ihr

Gerät zu verriegeln – falls es das nicht schon von selbst gemacht hat. Und erschrecken Sie nicht über die Schmierspuren auf dem abgedunkelten Display: Beim ständigen Fingergebrauch ist das unvermeidlich. Apple liefert mit den iOS-Geräten oft ein kleines Putztuch, mit dem Sie alle Seiten so polieren können wie andere kostbare Gegenstände: mit sauberen Händen und einem trockenen, flauschigen (Microfaser-)Tuch. Mit Spiritus und anderen Reinigungsmitteln sollten Sie sparsam (nebelfeucht) umgehen, um die Oberflächenversiegelung des Glases nicht wegzuätzen. Gelegentliches Wegpusten von Flusen aus dem Ladekabel-Anschluss schützt vor Verbindungsproblemen.

Info

iCloud an Mac und PC: Der iCloud-Dienst stellt recht hohe Anforderungen an Ihren Computer. Wenn Ihr PC oder Mac diese nicht mehr erfüllt, ist das ärgerlich, aber verschmerzbar, denn E-Mails aus dem iCloud-Postfach können Sie trotzdem empfangen und auch versenden – einfach per Internetbrowser auf icloud.com oder mit dieser Anleitung: https://support.apple.com/kb/HT202304
Auch viele andere Dienste stehen mit aktuellem Browser zur Verfügung, für eine echte Systemverzahnung sind ein Mac mit aktuellem OS X 10.10 oder 10.11 oder ein PC ab Windows 7 nötig. Letzterer braucht zusätzlich die iCloud-Systemsteuerung, heruntergeladen von https://support.apple.com/HT204283.
Und wenn Sie schon dabei sind, dann darf iTunes eigentlich nicht fehlen: https://apple.com/de/itunes/download/

iOS
kennenlernen

Sein iPad oder iPhone gibt man ungern aus der Hand. Das liegt an der einfachen Art der Bedienung. Sie tippen, wischen, kneifen oder spreizen. Mit Ihren Händen steuern Sie das System direkt über den Touchscreen. Und Sie gehen darin nicht verloren: Ein- oder zweimal mit dem Daumen auf die Home-Taste gedrückt und schon sind Sie wieder am Ausgangspunkt.

Der Sprung ins kalte Wasser

Auf den folgenden Seiten wollen wir Sie mit den wichtigsten Grundfunktionen vertraut machen und bestimmte Bedienschritte weiter einüben. Wenn Sie Vorkenntnisse haben oder von Android umsteigen, dann ist das sicher ein Klacks für Sie. Neueinsteiger bitten wir, die Reihenfolge möglichst einzuhalten.

Mit Safari ins Internet

Im vorhergehenden Kapitel haben Sie die Gesten des Tippens, Haltens, Doppeltippens und des Wischens gelernt und kennen jetzt die unterschiedlichen Ebenen der Bildschirmtastatur. Sie haben bereits mit Listen und Eingabefeldern gearbeitet. Außerdem sind Ihnen schon einige Standardtasten bekannt, mit denen Sie Dialoge bestätigen, aber auch Schritt für Schritt zurückgehen oder abbrechen können. Jetzt kann Ihr erster Ausflug ins Internet stattfinden. Auf geht's ins bunte World Wide Web.

Versuchen Sie nun mit iPhone oder iPad schrittweise die Online-Enzyklopädie Wikipedia aufzurufen:

1 Schalten Sie Ihr Gerät ein oder entriegeln es (Standby-Taste länger oder kurz gedrückt halten und den Bildschirmanweisungen folgen). Zum Entriegeln können Sie alternativ auch die Home-Taste, den zentralen Knopf am schmalen, unteren Displayrand (typischerweise mit dem Daumen) drücken. Danach sehen Sie (entweder den Zustand beim letzten Verlassen oder gleich) den Home-Screen, Ihren Ausgangs-Bildschirm. Durch ein- oder mehrfaches Drücken der Home-Taste kommen Sie stets „zurück nach Hause". Im weiteren Verlauf erwarten wir diese Fertigkeit von Ihnen. Dann heißt unsere Anweisung schlicht *> Home*, so wir überhaupt darauf hinweisen.

2 Tippen Sie einmal kurz auf das App-Symbol mit der Kompassnadel. Damit starten Sie Safari, Apples Internetbrowser. (Das klappt nicht, weil die Symbole anfangen zu zittern? Die Lösung lautet: *>Home*. Sie haben den Finger zu lange ruhen lassen – und damit unfreiwillig die Geste des Haltens beziehungsweise Legens ausgeführt.)

3 Safari öffnet sich und entweder sehen Sie eine leere Seite mit vorbelegten Surftipps oder den letzten Stand. Tippen Sie am iPhone auf die „Tab-Taste" oder „Seiten-Taste", jene unten rechts mit den übereinanderliegenden Quadraten, im Folgebildschirm öffnet *>+* (also Tipp auf das Plus-Symbol) Ihnen eine neue leere Seite. Am iPad ist es mit nur einem Tippen auf die +-Taste bereits getan. Sie liegt auf Position 1 Uhr, etwas geduckt rechts am Rand.

→ Geschwister – keine Zwillinge

iPhone und iPad unterscheiden sich kaum in ihrer Bedienung. Eineiige Zwillinge sind sie aber auch nicht: Wenn die Software (iOS oder die App) erkennt, dass sie auf dem größeren Display des iPad oder des iPhone Plus mehr darstellen und Ihnen deswegen kürzere Wege der Bedienung anbieten kann, dann tut sie das folgerichtig auch! Oft müssen Sie also am iPhone eine Geste mehr machen, nicht alle Bedienelemente sind auf dem kleinen Bildschirm gut darstellbar. Um die Bedienung an den großen iPhone-6-Modellen mit einer Hand zu erleichtern, tippen Sie bitte zweimal kurz den Fingerabdruck-Scanner der

Home-Taste an (aber nicht etwa die Home-Taste drücken). Und noch einmal, bitte. Sie sehen, Bildschirminhalt und Menüband rutschen nach unten – und wieder zurück, um für den Daumen besser erreichbar zu sein.

Von Symbolik leiten lassen: Trainieren Sie jetzt und später Ihren Blick auf die Bedienelemente, erlernen Sie die universelle Sprache der Piktogramme (Icons) – und lesen Sie! Insbesondere die blau hervorgehobenen Texte! Lassen Sie sich von Ihren Gedanken leiten: „Ich will jetzt … eine Webseite aufrufen … oder Musik von den Beatles kaufen und hören … oder das iPhone anders einstellen, um nicht gestört zu werden." Suchen Sie nach Zeichen, die Ihren Gedanken konkreter werden lassen. Verschaffen Sie sich stets einen guten Überblick, lassen Sie sich zu einem zarten Fingertippen auf Hilfetexte, ein Fragezeichen- oder Lupen-Icon oder ein Zahnrad animieren. Viele Zeichen sind selbsterklärend.

4 Alle Tasten und Felder lernen Sie im weiteren Verlauf noch genauer kennen, Ihr Ziel ist das Adressfeld, wo bereits als hilfreicher Hinweis in Mausgrau Suchbegriff oder URL steht. Tippen Sie dort hinein.

5 Geben Sie über die Tastatur wikipedia.de ein und bestätigen Sie mit der „Öffnen"-Taste (Adresse eingeben > *Öffnen*). Unter dem Adressfeld präsentiert das Gerät schon Vorschläge, Sie aber bleiben diesmal stur.

6 Es öffnet sich unter dieser Adresse die Webseite des hiesigen Trägers Wikimedia Deutschland e. V. – mit einem Eingabefeld für Ihren Suchbegriff. Sie ist herrlich sperrig und unmodern – und kommt uns als Trainingsfläche für weitere Gesten gerade recht.

7 Wenn Sie Daumen und Zeigefinger auf der Glasoberfläche des Bildschirms auseinanderziehen, können Sie Elemente vergrößern, zum Beispiel Fotos, Kartenausschnitte oder eben Webseiten. Um sie wieder zu minimieren, machen Sie mit Daumen und Zeigefinger die entgegengesetzte Bewegung. Glückwunsch: Sie haben soeben die Gesten des Spreizens und Kneifens erlernt, man spricht auch vom Ein- und Aus-Zoomen oder Auf- und Zuziehen.

8 Mit etwas mehr Fingerballett bringen Sie bestimmte Bereiche auf Webseiten oder in digitalen Zeitschriften auf eine angenehme, lesbarere Größe, indem Sie kurz, aber entschlossen zweimal mit einem Finger auf den gewünschten Bereich tippen. Genauso verstärken Sie diesen Vorgang und machen ihn irgendwann wieder rückgängig. Probieren Sie dies bitte mit der Abbildung oder dem Wikipedia-Logo aus. Diese Geste des Doppeltippens kennen Sie schon aus anderen Zusammenhängen: dem der Feststelltaste der Bildschirmtastatur (siehe „Standard-Apps …", S. 83, und dem gerade beschriebenen Einhand-Modus). Wenn das noch nicht so richtig geklappt hat und Sie sich auf einer neuen, anderen Seite befinden: Suchen Sie nach der Zurück-Taste, die hier als blaues Dreieck nach links zeigt. Oder Sie drücken die Home-Taste, holen tief Luft und beginnen noch einmal am Kapitelanfang. Alles Übungssache.

9 iPhone und iPad bieten Ihnen zwei Möglichkeiten der Betrachtung. Sie können die Geräte hochkant oder im Querformat halten. Das ist reine Geschmackssache, Sie können das mal so, mal anders handhaben. Der Bildschirminhalt kippt dann automatisch in die entsprechende Richtung mit. Dieses Kippen funktioniert am iPad durchgängig. Apps für das iPhone machen nicht immer Gebrauch davon – Safari aber schon. Immer mal wieder ausprobieren – und Kippen mit Zoomen kombinieren. Am iPhone werden im Querformat einige Elemente ausgeblendet, mit einem katzenpfotengleichen Wischen zaubern Sie sie wieder hervor.

10 Schauen Sie sich die Webseite genauer an: Sie besteht größtenteils aus Links, unterstrichenen oder farbig hervorgehobenen Begriffen. Wie am PC mit einem Mausklick genügt hier ein Fingertippen auf einen Link, um Sie auf eine andere Internetseite weiterzuleiten. Sie können das gern ausprobieren und wieder zurückkommen (über die linke Dreieckstaste). Oder Sie halten (legen) Ihre Fingerspitze auf den Link: Dann öffnet sich ein Kontextmenü, wie Sie es vom Rechtsklick mit der PC-Maus vielleicht kennen. Bei den neuesten iPhone-Modellen gelingt dies auch mit etwas mehr Druck auf das Displayglas, wenn 3D-Touch aktiviert ist. Verlaufen Sie sich bitte nicht und kommen Sie zurück!

11 Ganz oben auf der Webseite wikipedia.de steht der Hinweis, dass Sie noch gar nicht bei der gewünschten Wikipedia-Enzyklopädie sind: Als Link und als ausgeschriebene Adresse sehen Sie eine andere Adresse, nämlich zu http://de.wikipedia.org. Auch das Wikipedia-Logo ist mit diesem Link hinterlegt. Folgen Sie ihm.

12 Nicht um Sie zu ärgern bitten wir Sie um Folgendes: Schließen Sie die Seite zu Trainingszwecken. Dazu tippen Sie zunächst auf die „Tab-Taste" mit den übereinandergelegten Quadraten und finden im Folgebildschirm oben links ein „x" zum Schließen. Und jetzt per *> „+"-Tipp* wieder eine leere Seite aufrufen, die *> de.wikipedia.org* genau so eingeben. Übung macht den Meister – und vielleicht haben Sie sich doch verirrt ...?

13 Sie sind jetzt auf der Hauptseite der deutschen Wikipedia. Die Online-Enzyklopädie liefert für PCs und Mobilgeräte unterschiedliche Versionen aus, die die jeweilige Displaygröße optimal nutzen, am iOS-Gerät fällt die Hauptseite also kompakter aus, hat aber natürlich auch als zentrales oberes Element das Eingabefeld für Ihren Suchbegriff. Was wollten Sie schon immer mal wissen?

14 Ein paar Suchbeispiele: Edward Snowden – was hat der ins Rollen gebracht? IMAP – was hat das mit E-Mails zu tun? Die Geschichte der Stiftung Warentest? Viele Artikel haben Unterüberschriften: Klappen Sie in der Wikipedia diese Abschnitte per Fingerdruck auf die Abschnittsüberschrift ein und aus, wischen und zoomen Sie, öffnen Sie einen Link auch mal über das Kontextmenü (Finger legen) auf einer neuen Seite oder neuem Tab. Vielleicht gelingt es Ihnen sogar, eine Abbildung zu sichern – in der Foto-App werden Sie sie wiedersehen. Aber kommen Sie bitte noch ein letztes Mal auf die Hauptseite der Wikipedia (*> Start*) zurück – mit Tippen auf die drei Querstreifen links neben der Suchleiste – das Listen-Icon.

15 Hier tippen Sie einfach auf das Icon, andernorts können Sie es schieben, um verdeckte Optionen aufzudecken oder Musiklisten nach Ihren Wünschen neu zu ordnen. Auf diesen Anfasser trifft man beim iPad seltener, weil es am großen Display seltener nötig ist, Optionen zu verdecken.

Die Wikipedia ist eine tolle Sache. Sie können dort sogar selbst mitmachen und Artikel ändern, wenn Ihnen als Experte für ein Sachgebiet ein inhaltlicher Fehler auffällt. Ab jetzt haben Sie immer ein Lexikon dabei, sofern Ihr Gerät eine konstante Verbindung ins Netz hat und die Wikipedia-Server ruhig vor sich hin summen.

→ Große Seiten auf kleinen Displays

Wenn Ihnen die opulentere Darstellung einer Webseite à la Computer besser gefällt, können Sie über einen Link oft zur „klassischen", der „Desktop"-Version wechseln. Bei Wikipedia findet sich dieser Link am Seitenfuß, Safari selbst bietet solch eine Funktion hinter der „Freigeben-Taste".

Holen Sie sich Ihr Wikipedia-Abzeichen

1 Das geht ganz einfach über die *> Freigeben-Taste* (bisweilen auch Aktions- oder Teilen-Taste genannt), jenem Rechteck, aus dem ein Pfeil herausbricht, um aus seinem Gefängnis in eine andere App oder einen anderen Zustand zu gelangen. Machen Sie das und kürzen Sie den Namen, der unter dem Symbol stehen wird, ganz nach Ihrem Geschmack. Fertig? Dann *> Hinzufügen* (oder alternativ auf der Tastatur mit *> Return* bestätigen).

2 Überprüfen Sie, ob das Symbol zu sehen ist. Vielleicht müssen Sie dazu auf dem Home-Screen erst nach links wischen, auf die zweite Seite.

→ Bildschirmsperre hinauszögern

Wenn es Sie stört, dass die Bildschirmsperre zu schnell aktiviert wird und Sie die 6 Ziffern immer wieder eingeben müssen, gibt es auch dafür eine Lösung: > Home > Einstellungen > Allgemein > Automatische Sperre – und den Wert auf 5 Minuten erhöhen. Mit Fingerabdruck-Sensor (Touch-ID) lässt sich die Bildschirmsperre einfacher lösen, denn das Drücken der Home-Taste und das Entsperren per Fingerabdruck sind praktisch eine Bewegung.

Horcht aufs Wort: Hey, Siri!

Mit Ausnahme des iPad 2 besitzen alle iOS-9-Geräte einen Sprachassistenten namens Siri. Dieser Assistent kann auch aus der Wikipedia etwas vorlesen („Was weißt du über den Kölner Dom?"), das Wetter vorhersagen („Wie wird das Wetter morgen in Stockholm?") oder Währungen umrechnen („Wie viel sind zwanzig Euro in US-Dollar?")

Den Sprachassistenten aktivieren

Um Siri zu aktivieren, halten Sie zunächst die Home-Taste kurz gedrückt. Sie dürfen gerne der „Hey Siri"-Erstkonfiguration auf dem Bildschirm folgen und können das auch jederzeit abbrechen. Wenn Sie Ihre Frage gestellt haben – es darf auch die nach dem Sinn des Lebens sein –, bearbeitet Siri auf dem Gerät und in Apples Datenwolke die Anfrage und liefert Ergebnisse unterschiedlicher Qualität.

Konnten Sie bereits Daten von einem anderen Gerät übernehmen, dann funktioniert auch ein Befehl wie „Rufe Robert auf dem Handy an". Siri macht sich dann über Ihr Adressbuch her und schlägt Ihnen einige Roberts mit Handynummern vor.

Gesucht – gefunden: Spotlight

Manches Mal sieht man ja den Wald vor lauter Bäumen nicht. Gut, dass Ihr iGerät Ihnen da helfen kann, mit „Spotlight". Möglicherweise suchen Sie verzweifelt die Telefon-App oder die Einstellungen, können diese Apps aber nicht finden. Ein Fall für Spotlight: Kehren Sie zurück auf den Home-Bildschirm (*> Home*) und wischen Sie (von links) nach rechts. Damit öffnen Sie einen Such-Bildschirm. Tippen Sie in das Textfeld hinter der Lupe Ihren Suchbegriff ein (z. B. „Telefon") – und Spotlight präsentiert schnell erste Ergebnisse, darunter die gesuchte App, die man jetzt per Tipp öffnen kann, genauso wie – sofern jetzt schon vorhanden – auch E-Mails, in denen das Wort vorkommt.

Telefon: Hallo, Teilnehmer?

iPad- und iPod-touch-Nutzer können jetzt eine kurze Pause machen. Denn das iPhone ist das einzige Gerät, das man „ganz normal" ohne Zusatz-App und Trickkiste zum Telefonieren benutzen kann.

Der erste Anruf – so geht's:

Über *> Home > App Telefon starten > ggf. Taste Ziffernblock drücken > Rufnummer eingeben > Anwahl mit grüner Hörer-Taste > Gespräch führen > auflegen mit roter Taste.*
So geht das. Und natürlich auch so:
Es klingelt ... *> grün > Gespräch führen > rot.*

Rufen Sie doch einfach mal Ihr eigenes Festnetztelefon an (Vorwahl nicht vergessen!) oder einen Freund. Möglicherweise erreichen Sie auch einen wildfremden Menschen: Dann haben Sie sich auf der Bildschirmtastatur vertippt – jederzeit hätten Sie mit der Lösch-Taste (sie liegt ganz oben rechts) die oben angezeigte Nummer vor dem Anwählen ändern können.

Bitten Sie Ihren Freund um einen Rückruf auf Ihre iPhone-Handy-nummer und spielen Sie die Gesprächsannahme ganz in Ruhe durch. Probieren Sie während des Klingelns aus, welche Funktionen die Lautstärke-Tasten am Gehäuserand jetzt haben, erleben Sie die Funktionsweise des Seitenschalters direkt daneben – und was passiert, wenn Sie während des Klingelns einmal auf die Standby-Taste drücken. Und beim nächsten Anruf zweimal ...

Ausführlich beschreiben wir die Telefon-App in Kapitel 5 (siehe „Die Mutter aller Smartphones", S. 127).

Shopping-Tour im App Store

Das wird vielleicht ein ganz neues (Sofa-)Erlebnis für Sie: online in einem virtuellen Laden einzukaufen und die Ware nach wenigen Sekunden schon benutzen zu können. Viele Angebote können Sie vorher ausprobieren, wenn Sie:

▶ **im iTunes Store** Musik vorhören

▶ **im App Store** nach einer kostenlosen Ausprobierversion Ausschau halten; sie tragen dann im Namen oft den Hinweis „Free", „Lite" oder „light" und funktionieren meist nur einige Zeit lang oder nerven schnell mit Werbung

▶ **im iBook Store** einen Auszug aus einem Buch laden und ein Probekapitel lesen

▶ **im Zeitungsangebot** eine kostenlose, vielleicht ältere Ausgabe laden oder unverbindlich und ohne Verlängerung einem Probe-Abo zustimmen

Beim iTunes Store anmelden und erste Apps laden

Selbst wenn Sie jetzt keine Kreditkarte oder keinen iTunes-Gutschein zur Hand haben, können Sie die Stores trotzdem benutzen: zum Stöbern und zum Laden kostenloser Angebote. Spätestens beim ersten echten Einkauf müssen Sie aber Zahlungsinformationen angeben oder Guthaben aufladen. Neuerdings bietet Apple das Bezahlen über die Handy-Rechnung vom Provider an. Bezahlen per Lastschrift vom Girokonto ist über die beiden Anbieter PayPal und ClickandBuy eingeschränkt möglich, wenn Sie dort registriert sind.

1 Öffnen Sie die App „App Store".

2 Schlendern Sie gern ein wenig herum, aber navigieren Sie zum Schluss ganz nach unten in den Seitenfuß. Dort finden Sie neben *>Neu im App Store?* mit einem Link zu ersten App-Empfehlungen auch die Taste *> Anmelden*.

3 Bitte melden Sie sich mit Ihrer Apple-ID an, nur in Spezialfällen brauchen Sie eine weitere ID.

4 Geben Sie auf Nachfrage Ihre Apple-ID samt Kennwort an.

5 Wenn Sie Neukunde sind, folgen gleich die Geschäftsbedingungen und danach die Zahlungsinformationen. Wählen Sie Ihre Kreditkarte aus und hinterlegen Sie die Daten wie Nummer und Ablaufdaten – oder Sie belassen die Einstellung auf „keine". Haben Sie sich von der Supermarktkasse eine iTunes-Guthabenkarte besorgt, können Sie deren Guthaben ebenfalls gleich freischalten.

Haben Sie ein Neugerät erworben, sind Sie auch „qualifiziert", weitere Apps von Apple gratis zu laden. Wahrscheinlich wurden Sie gerade darauf aufmerksam gemacht; Sie können aber auch selbst nachschauen, im Zweifelsfall finden Sie die Apps wie Pages, Numbers oder iMovie über die eingebaute Suchfunktion wie gleich beschrieben, Ihr Suchbegriff heißt schlicht „Apple". Fangen Sie doch fürs Erste mit der „Tagesschau"-App als kostenlosem Download an, sie ist in der > *Kategorie* > *Nachrichten* immer weit oben zu finden, das Prozedere ist selbsterklärend. Auf Seite 55, zum Thema App Store, greifen wir dies nochmals auf. Tipp: Ersparen Sie sich die Kennwort-Eingabe beim Shoppen und stimmen Sie der Verwendung von Touch ID oder der 15-Minuten-Regelung zu, nach der Sie bestimmt gefragt werden.

iBooks: Lesen bildet wirklich

Neben gedruckten Zeitschriften und Büchern wetteifern heute auch die Onlinemagazine und E-Books um Ihre geschätzte Aufmerksamkeit. Letztere sind digitale Bücher, die die Papierversion nachahmen. iPad und iPhone sind neben ihren vielen anderen Fähigkeiten gute E-Book-Lesegeräte.

Der Vorteil liegt wortwörtlich auf der Hand. Vergleichen Sie doch mal dieses Buch mit Ihrem neuen iPad mini: Das Tablet ist kürzer, schmaler, deutlich dünner und knapp hundert Gramm leichter – selbst wenn Sie Tausende Bücher aufspielten. Der einzige Nachteil: Ist der Akku leer, dann hat auch der Lesespaß ein (abruptes) Ende. Öffnen Sie via > *Home* die App > *iBooks*. Falls Sie die App nicht finden, können Sie Spotlight, die Suchfunktion, nutzen. Vielleicht hat sich die App bloß auf dem sekundären Home-Bildschirm versteckt: Wischen Sie vom primären Home-Bildschirm nach links, dann rutscht von rechts der nächste nach, wo Sie iBooks finden.

Freie Bahn für Bücherwürmer

1 Beim ersten Öffnen von iBooks lotst Apple Sie zu zu den *>Highlights*, ganz ähnlich wie soeben bei den Apps.

2 Ihre eigenen Bücher werden Sie später unter *> Meine Bücher* finden.

3 Springt Ihnen ein Titel schon in die Augen? Oder eines dieser Werbeschilder? Wöchentlich gestaltet Apple seine Schaufenster neu und leistet sich dafür eine eigene Redaktion, die den Store-Besucher über Neuerscheinungen oder thematische Schwerpunkte informiert – nicht nur bei Büchern. Wir steigen jetzt über den Link „Kostenlose Bücher" am Seitenfuß ein.

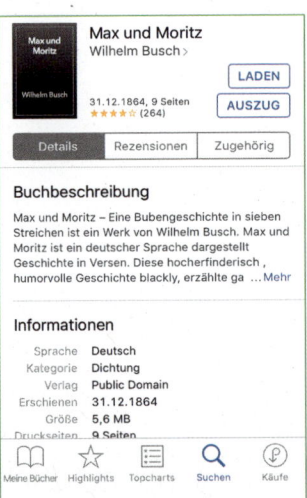

→ Gezielt im Angebot suchen

Jederzeit können Sie den Katalog nach Autor, Künstler oder (Buch-, Musik-/Album-, Film-, App-)Titel mit der App-eigenen Suchfunktion durchforsten. Im Gegensatz zu Spotlight suchen die Store-Apps natürlich online im Laden.

4 An dieser Stelle entscheiden wir uns für den kostenlosen Kinderbuchklassiker „Max und Moritz" von Wilhelm Busch. Die bebilderten Streiche gelten als Mutter aller Comics und sind nicht nur schöne Vorlesegeschichten, sondern werden wieder eine Trainingsfläche für Sie werden.

5 Mit Antippen des Buchtitels öffnet sich die Detailseite mit weiteren Informationen. Werfen Sie ruhig einen Blick auf die Kundenrezensionen, oft finden sich nützliche Hinweise darunter, manche erschrecken aber auch ob fehlender intellektueller Tiefe oder dürftiger Orthographie. Unter *> Zugehörig* oder *> Mehr von* zeigt der Store passende andere Artikel an, hier auch kostenpflichtige Versionen von „Max und Moritz" oder Gesamtausgaben zu Wilhelm Busch.

6 Mit Tippen auf *> Laden* (oder den Preis bei kostenpflichtigen Artikeln) stimmen Sie zunächst dem Lizenzverhältnis zwischen dem Anbieter und Ihnen zu (Sie erwerben kein Eigentum, sondern ein Nutzungsrecht nach den iTunes-AGBs). Erst danach können Sie tatsächlich den Artikel laden.

7 Wechseln Sie nun in *> Meine Bücher*, Sie können den Ladefortschritt beobachten. Je nach Bandbreite Ihrer Internetleitung sind die beiden Lausbuben schon gespeichert und Sie können die Streiche auch ohne Netzverbindung lesen. Probieren Sie es aus, mit iBooks und „Max und Moritz" beschäftigen wir uns noch intensiver.

8 Kehren Sie zurück in den Store, denn Apple kann nun etwas, was dieses Buch nicht kann: Ihnen eine über 500 Seiten starke Bedienungsanleitung zu Ihrem Gerät in die iBooks-App installieren.

9 Bitte *> Suchen* Sie mit dem Begriffspaar „iPhone" (oder „iPad") und „Benutzerhandbuch" nach der für Sie richtigen Anleitung. Finden Sie bitte die Ausgabe in Ihrer bevorzugten Sprache und *> laden* Sie diese wie vorhin geübt auf Ihr Gerät. Es mögen sich auch kostenpflichtige Bücher in die Ergebnisse mogeln – doch die von Apple sind kostenlos.

Home-Screen:
Da steckt noch mehr drin

Manch einer findet es lästig, dass sich die Apps auf mehreren sekundären Home-Bildschirmen breitmachen. Das stört nach einiger Zeit auch den Überblick. iOS hat aber Mittel und Wege, sich Ihren Bedürfnissen anzupassen.

Screen anpassen: ordnen, schreddern, abheften

Sie können Ihr Gerät nach Ihren persönlichen Wünschen einrichten. Vieles regeln Sie über die App Einstellungen, deren wichtigste Möglichkeiten wir am Ende des Buches zusammenfassen. Die Ordnung auf Ihren Schreibtischen jedoch halten Sie auf den primären und sekundären Home-Bildschirmen selbst. Apps können Sie verschieben, in Ordnern zusammenfassen (und wieder auflösen), komplett mit allen Daten löschen und auch das Dock am unteren Bildschirmrand umarrangieren.

Apps entfernen

1 Halten Sie eine beliebige App angetippt, bis alle anfangen zu zittern.

2 An der linken oberen Ecke der App-Symbole erscheint jetzt das Lösch-Symbol mit einem X – sofern es sich nicht um eine der vorinstallierten Apps handelt.

3 Wenn Sie das X bei der zu löschenden App berühren (z. B. „Tagesschau"), erfolgt eine Sicherheitsabfrage. Entscheiden Sie sich bitte für das Unvermeidliche: Sie können diese und alle anderen Apps jederzeit erneut laden und müssen – so die Regel – auch nicht noch einmal bezahlen.

4 Die App ist gelöscht.

Info

Gekaufte Apps nachinstallieren: Haben Sie eine App gelöscht, dann finden Sie sie jederzeit im App Store schnell wieder unter > *Einkäufe* (am iPhone versteckt in den > *Updates*) und können sie kostenlos nachladen. Grenzen Sie eventuell die Auswahl auf > *Nicht auf diesem Gerät* ein. Apps, die nicht weiterentwickelt werden, fliegen allerdings irgendwann aus dem Store raus.

Apps verschieben und weitere Home-Screens anlegen

1 Halten Sie die App, die verschoben werden soll, gedrückt und lassen Sie das zitternde Icon nicht los.

2 Schieben Sie die App an eine beliebige freie Stelle, die anderen Apps räumen freiwillig ihre Position.

3 Schieben Sie die am Finger klebende App an den rechten oder linken Rand, springen Sie einen Screen weiter und legen Sie die App dort ab.

4 Provozieren Sie einen weiteren sekundären Home-Screen, indem Sie auf dem bisher letzten Screen wiederum mit der klebenden App ganz an den rechten Rand navigieren.

5 Lassen Sie los, wenn die App den gewünschten Screen und die gewünschte Stelle erreicht hat.

6 Mit einfachem Drücken der Home-Taste beenden Sie die Bearbeitung.

Apps in Ordnern organisieren

Der Home-Bildschirm kann bei den vielen Apps schnell mal etwas unübersichtlich werden. Thematisch zusammengehörende Apps (das dürfen auch jene Apple-Apps sein, die Sie womöglich nicht nutzen wollen wie Aktien und Wallet) können Sie in einen Ordner packen, der dann entsprechend benannt wird.

1 Halten Sie die App bis zum „Zittern".

2 Schieben Sie sie auf die andere App, die ihr erster Partner im neuen Ordner werden soll, und lassen Sie los.

3 Nun haben Sie Ihren neuen Ordner und iOS schlägt einen Namen vor.

4 Wenn Sie in die große Namenszeile tippen, können Sie einen anderen Namen für den Ordner vergeben; möglichst kurz sollte er sein.

5 Und schließlich: *> Home*.

Natürlich können Sie einen Ordner mit seinen Apps darin umarrangieren, seinen Namen nachträglich ändern – und auch auflösen: Bewegen Sie hierfür alle Apps aus dem Ordner heraus, und er verliert automatisch sein Daseinsrecht.

Das Dock neu arrangieren

Am unteren Bildschirmrand – Mac-Anwender kennen es – befindet sich das Dock. Die Apps, die hier abgelegt sind, bleiben auch beim Wechseln auf einen sekundären Home-Screen dort. Es ist also ein guter Ort für sehr häufig benutzte Apps – ein Schnellzugriff. Aber wird es bei Ihnen auch die Musik-App sein? Um das Umorganisieren zu üben, unterstellen wir zur Probe einmal: Nein.

1 Vereinen Sie wie geübt die Apps Musik und Videos zu einem Ordner.

2 Damit erreichen Sie, dass im Dock Platz entsteht. Das iPhone kann vier, das iPad sechs Elemente im Dock halten.

3 Ziehen Sie die gewünschte App oder einen Homescreen-Link wie den zur Wikipedia in das Dock auf die freigewordene Stelle – und lassen los.

Jetzt können Sie noch schneller auf die gewünschte Funktion zugreifen.

Multitasking: Von einer App zur anderen hüpfen

Sie kennen das bestimmt vom Computer: Drücken Sie dort auf der Tastatur die Befehls- (STRG oder CMD) und die Tabulator-Taste, können Sie von einem geöffneten Programm ins nächste springen. Das ist praktisch, wenn man beim genussvollen Internetsurfen bemerkt, dass der Musikplayer am Wiedergabe-Ende angekommen ist und nun die Lautsprecher stumm bleiben.

Bei iOS funktioniert das auch: Drücken Sie zweimal kurz nacheinander die Home-Taste, der Home-Screen rutscht nach rechts – und links von ihm erscheinen in einer Art Karussell-Galerie die App-Screens. Sie zeigen den letzten Zustand, bei Ihnen dürften das der App Store, Safari und iBooks sein.

Dies ist der Programmumschalter, der App-Switcher. An 3D-Touch-fähigen Geräten genügt ein Wischen mit Druck in der linken unteren Ecke.

Mit Wischgesten nach links und rechts „fliegen" Sie entlang Ihrer aktiven Apps und können per Fingertipp in der jeweiligen App landen. Und auch zurückfliegen zum Home-Screen.

Apps vollständig beenden

Einmal aufgerufene Apps bleiben immer aktiv und verbrauchen im Hintergrund ein wenig vom kostbaren Arbeitsspeicher. Das kann ein Grund werden, warum sich Ihr Gerät, genauer gesagt Ihr Betriebssystem, irgendwie „klebrig" anfühlt und bestimmte Prozesse langsamer werden. Bei solchen Problemen sind Sie hier richtig. Wir beenden eine App nun testweise vollständig:

1 Wechseln Sie wie beschrieben in den Programmumschalter.

2 Navigieren Sie zu der App, die bei Ihnen auf der Abschussliste steht (aber wechseln Sie nicht in die App hinein).

3 Durch eine Wischgeste nach oben können Sie die App sofort beenden. Ohne Rücksicht auf Verluste. Eingegebene und noch nicht gespeicherte Daten gehen dabei aber verloren, also überlegen Sie sich, ob Sie nicht doch zuvor speichern wollen.

Info

Arbeitsspeicher freigeben, Zwischenspeicher löschen: Mit der gerade geschilderten Methode löschen Sie keine Ihrer Daten. Aber Sie zwingen die App beim nächsten Start, sich vom Langzeitgedächtnis (Flash-Speicher) neu im digitalen Kurzzeitgedächtnis (Arbeitsspeicher) einzunisten. Kombinieren Sie diese Methode (alle Apps beenden) mit der des Neustarts (siehe Kapitel 2), um Ihr Gerät zu einer umfangreichen Neuanordnung zu überreden. Noch tiefer greift die Neuanordnung, wenn Sie beim Einschalten den Hauptschalter und die Home-Taste gemeinsam so lange drücken (ungefähr drei Sekunden), bis zum zweiten Mal der Apfel auf dem Display erscheint (dann unbedingt loslassen). Damit löschen Sie den System-Zwischenspeicher (Cache), der sogleich neu angelegt wird – deswegen dauert der Gerätestart nun einmalig etwas länger als gewohnt.

Sollten Sie nach einem Weg suchen, unsere Workshops nochmals von vorn durchzuspielen, ist dies die Methode der Wahl. Das gilt auch für all diejenigen, die in Ihren neuen Apps anfänglich gegen eine Wand laufen, denn die Apps starten nicht mehr beim letzten Stand (den haben Sie ja gerade gelöscht), sondern mit ihrem Hauptbildschirm.

Mitteilungszentrale und Kontrollzentrum

Wahrscheinlich sind sie Ihnen schon begegnet: diese Milchglasschleier mit Regelungs-Tasten und Kalender-Ansicht. Und ganz routiniert sind Sie diese Funktionsebenen von iOS auch wieder los-geworden. Per Tastendruck auf *> Home* oder instinktivem Wegwi-schen. Aber was steckt dahinter? Es ist das Angebot, schnell be-stimmte Funktionen aufzurufen.

Das Kontrollzentrum stellt einige alltägliche Einstellungen bereit, die man sonst mühselig aufrufen müsste. Sie wischen es vom unte-ren mittigen Bildschirmrand mit kurzem Ruck nach oben herbei.

Hier können Sie den Flugmodus, WLAN, Bluetooth und den Nicht-stören-Modus ein- und ausschalten sowie die Ausrichtungssperre, damit der Bildschirminhalt bei Drehbewegungen nicht mehr „mit-kippt". Diese letzte Taste im Block und der Seitenschalter am Ge-häuse (Ton aus) können die jeweilige Funktion tauschen.

Außerdem regeln Sie hier bequem Displayhelligkeit und Lautstär-ke, können die Musikwiedergabe steuern und den Timer („Eieruhr") sowie andere Uhrfunktionen aufrufen; am iPhone zusätzlich den Taschenrechner und das helle LED-Fotolicht als improvisierte Ta-schenlampe. AirPlay für die drahtlose Musikübertragung an die Stereoanlage und AirDrop für den schnellen Austausch mit iOS-Ge-räten anderer Personen aktivieren Sie ebenfalls hier. Wenn Ihnen das gerade zu viele Begriffe auf einmal waren, schauen Sie einfach im Glossar nach (siehe „Das große ABC", S. 188).

Die Mitteilungszentrale funktioniert genau andersherum: Wischen Sie vom oberen Displayrand mit einem Fingerstreich nach unten. Sie ist zweigeteilt und zeigt zum einen die „Heute"-Ansicht mit Ter-minen, Wetter und „Widgets" (sprich: Wit-dschets). Das sind quasi Außenstellen Ihrer Apps, die ihnen dort Dinge wie Aktienkurse an-zeigen. Wenn Sie neue Apps laden, dann können Sie deren Widgets mit Tipp auf *> Bearbeiten* am Fuß der Heute-Ansicht aktivieren (oder jetzt den Aktienticker deaktivieren: Halten Sie den dreistreifi-gen Anfasser und verschieben Sie den Eintrag nach unten. Das funktioniert nur bei entsperrtem iGerät).

Zum anderen finden Sie die Ansicht „Mitteilungen". Was Sie dort al-les finden wollen, tragen Sie in *> Einstellungen > Mitteilungen* selbst ein. Die meisten Anwender möchten, dass *> Mail > In der Mit-teilungszentrale ungelesene Post* auch *> im Sperrbildschirm anzeigen* darf. Mit einem Tipp auf einen Eintrag startet dann die jeweilige App zielgenau dorthin. Bei gesperrten Geräten ist stets die Code-Abfrage oder die Fingerabdruckprüfung vorgeschaltet. Starten Sie etwa das erste Mal die „Tagesschau"-App, fragt diese ab, ob Sie in der Mitteilungszentrale die neuesten Eilmeldungen empfangen möchten (Push-Mitteilung). Neben dem typischen Gong und dem Aufflackern dieser Meldung als „Banner" ist die Neuigkeit dann auch in der Mittelungszentrale zu finden.

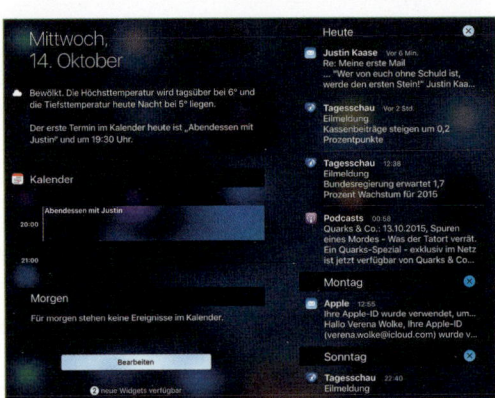

Mehr Multitasking am iPad

Durften iPad-Besitzer vorhin beim ersten Telefonat ein Päuschen machen, so sind jetzt die iPhone-Anwender außen vor, denn die neuen iOS-9-Multitasking-Möglichkeiten benötigen ein großes Display.

Fast jedes iOS-9-kompatible Tablet (nicht iPad 2 und iPad mini 1) kommt in den Genuss von Slide Over (dt.: Drüberschieben), womit Sie eine andere App vom rechten Bildschirmrand in einen schmalen (iPhone-großen) Displaybereich schieben können. Das spielen wir einmal durch: *> Home > Safari* und wenn Sie mögen, dann rufen Sie die Wikipedia auf, damit der Schirm nicht leer ist. Wischen Sie nun mittig vom rechten Bildschirmrand, dann schieben Sie eine andere App in den Vordergrund – oder wie jetzt bei der erstmaligen Verwendung eine Übersicht der Apps, die diese neue Funktion beherrschen. Entscheiden Sie sich bitte zum Üben für die App *>Tipps*, denn die anderen Kandidaten bombardieren Sie beim ersten Aufruf sicher mit einigen Fragen. Wischen Sie nun innerhalb dieses Streifens nach links und rechts, bewegen Sie sich durch die App, so wie man es am iPhone auch täte. Sie wollen zurück in die Übersicht und eine andere App für Slide Over ausprobieren? Nehmen Sie den Anfasser oben rechts und ziehen Sie ihn ein Stück hinunter. Wenn Sie diese Ansicht nicht mehr brauchen oder sie zufällig aktiviert haben, dann tippen Sie entweder in den abgedunkelten Bereich der anderen App oder Sie treffen recht genau die Grenzlinie zwischen den beiden Apps und bewegen diese nach rechts. Wir finden das Drüberschieben deswegen so praktisch, weil man eine Aktion (mal eben Mails checken) schnell erledigt hat, ohne den eigentlichen Arbeitsbereich (hier: Safari / Wikipedia) verlassen zu müssen. Allerdings müssen die Apps von den Entwicklern für diese und die folgenden Funktionen angepasst werden.

Die allerneuesten iPad-Modelle (ab iPad Air 2) sind mit ihrer geballten Prozessorkraft in der Lage, sogar zwei Apps gleichzeitig anzuzeigen und Sie können gleichzeitig darin arbeiten. Sie beginnen im gerade geschilderten Slide-Over-Modus, wählen die zweite App aus und können nun (idealerweise im Querformat) den Grenzbereich anfassen und zur Mitte hin schieben. Das nennt sich dann Split View (dt.: aufgeteilte Ansicht). Eine weitere Neuerung ist Bild-in-Bild, bei der etwa ein Videogespräch in eine Ecke verbannt wird, um am Gerät während des Gesprächs mit einer anderen App zu arbeiten, ohne seinen Partner dabei aus den Augen zu verlieren.

Glückwunsch! Sie haben jetzt die meisten Grundfertigkeiten erlernt und sind auch schon mit vielen Apps und einigen ganz typischen Abläufen vertraut. In den nächsten Tagen werden diese Handgriffe bei Ihnen immer besser sitzen und Sie werden sich möglicherweise fragen, warum Sie diesen neuen Geräten so skeptisch gegenüberstanden. Verlieren Sie Ihre Skepsis bitte nicht! Wie in der „echten" Welt sollten Sie auch beim Umgang mit Ihrem neuen iPhone oder iPad stets den gesunden Menschenverstand walten lassen – insbesondere bei Ausflügen ins Internet.

Wenn Sie sich jetzt schon einigermaßen sicher fühlen oder als Umsteiger ohnehin einiges an Erfahrung mitbringen, dann wollen wir gern die Zügel lockern. Möchten Sie unbedingt Apples neuen Musikdienst 90 Tage kostenlos testen (siehe „Musik-App ...", S. 167)? Werden Sie bald verreisen und wollen dringend die Karten-App kennenlernen (siehe „Standard-Apps ...", S. 111)? Was auch immer Sie besonders interessiert, ziehen Sie Ihr Thema einfach vor. Wenn Sie unterwegs Mut und Glück verlässt, kehren Sie eben wieder an genau diese Stelle zurück und folgen wieder unserem roten Faden.

→ Lernen braucht Ruhe

Vielleicht wollen Sie in den nächsten Tagen nicht noch mehr lernen und sich eine Pause gönnen. Das ist völlig unproblematisch, denn mit den Standard-Einstellungen ist Ihr Gerät absolut brauchbar, nur WLAN-Assist sollten Sie abschalten. Im Glossar erklären wir, wie. Wenn Sie eine drängende Frage, aber dieses Buch nicht dabei haben, können Sie jetzt ja auch Apples Benutzerhandbuch um Rat fragen. Sie haben es sich doch in die iBooks-App heruntergeladen (siehe „iOS kennenlernen", S. 57), oder?

Die letzte Prüfung

Bevor wir Sie in das nächste Kapitel entlassen, bekommen Sie noch eine kleine Hausaufgabe:
Unter > *Home* > *Einstellungen* > *Anzeige & Helligkeit* > *Textgröße* verschieben Sie insbesondere als Lesebrillenträger den Regler auf einen größeren Wert. Wieder > *Zurück* auf der ersten Ebene der > *Einstellungen* geht es zu > *Allgemein* > *Bedienungshilfen*. Probieren Sie dort > *Tastenformen*, > *Kontrast erhöhen* und > *Ein/Aus-Beschriftungen* aus, vom Display bekommen Sie immer eine Rückmeldung. Ist Ihnen die Schrift nicht zu klein, sondern zu fein, dann ist > *Fetter Text* (und ein anschließender > *Neustart*) bestimmt das Richtige für Sie. Und sollten Ihnen diese seltsamen optischen Effek-

te auf dem Home-Screen unheimlich vorkommen, können Sie *>Bewegung* reduzieren. So bleibt Ihnen die Seekrankheit (oder sagt man: Sehkrankheit?) erspart, von der manch iOS-Anwender berichtet, der diesen Effekt so lange bewundert hat, bis sein Gleichgewichtssinn mit Übelkeit und Kopfschmerz reagierte – kein Scherz!

Info

Welche Pflege braucht der Akku? Die interne, wiederaufladbare Batterie der iGeräte braucht eigentlich keine Pflege, solch moderne Stromspeicher kennen keinen leistungshemmenden Memory-Effekt. Was sich tatsächlich mit der Zeit leistungshemmend auswirken kann, ist eine falsche Kapazitätsbewertung der Ladeelektronik. In der Folge suggeriert Ihr Gerät einen unerwartet hohen Verbrauch und warnt viel zu früh vor leeren Akkus. Deshalb sollte ab und an (maximal monatlich) der eingebaute Akku bis zum allerletzten Rest entladen werden (ein lokal gespeichertes Video in Dauerschleife bei Maximalhelligkeit schafft das ziemlich fix), bis sich das Gerät vor lauter Schwäche selbst ausschaltet und auf einen Druck der Standby-Taste nicht mehr reagiert. Allenfalls fordert ein Piktogramm Sie zum Aufladen auf – und dem folgen Sie bitte. Nach einigen Minuten startet das Gerät und man kann es wieder benutzen, aber lassen Sie es unbedingt am Ladekabel angeschlossen, bis die internen Batterien komplett aufgeladen sind, im Zweifelsfall über Nacht. Denn genau darum geht es: um die Neukalibrierung der Ladeelektronik, indem man dem iGerät wieder beibringt, wie viel an Energie der Akku mit einem kompletten Ladezyklus tatsächlich aufnehmen kann.

Standardapps bei iOS 9

Auf jedem iPhone und iPad gibt es bereits eine Anzahl von Apps, einige sind dank iCloud schon zur Benutzung fertig eingerichtet. In diesem Kapitel wollen wir Sie mit praxisgerechten Anleitungen in Ihren Standard-Apps schnell auf Kurs bringen.

Das Adressbuch: Kontakte

Das alte Adressverzeichnis aus Papier kommt an seine Grenzen. Über die Jahre haben sich zahlreiche Änderungen angesammelt. Vieles ist durchgestrichen oder überkritzelt, sodass kaum noch Platz bleibt. All diese Daten in ein elektronisches Adressbuch zu überführen, wie es in iPhone und iPad vorhanden ist, lohnt sich. Jede Änderung wird über iCloud mit Ihren anderen Apple-Geräten abgeglichen (synchronisiert). Warum sich am iPhone die App im Ordner Extras verkriecht, ist unverständlich, denn im Grunde ist es Ihre wichtigste App und sie hat fast überall ihre Datenfinger mit drin. Sie können die App aber verschieben, wie auf Seite 61 beschrieben. Sie ist das Herz, denn sie listet all Ihre Kommunikationspartner und alle anderen Apps dürfen sich – solange Sie es erlauben – an diesem kostbaren Datenbestand bedienen:

▶ **Telefon- und Nachrichten-App nutzen** Rufnummern für Anrufe und SMS.

▶ **Mail verwendet** die dort gespeicherten E-Mail-Adressen.

▶ **Die Karten-App nutzt** die Straßenadressen Ihrer Freunde zum einfachen Navigieren.

▶ **Der Kalender blendet** Geburtstage ein und gibt rechtzeitig Alarm.

▶ **Und natürlich können Sie selbst auch** beim Ansichtskartenschreiben eine Adresse nachschlagen.

Während die Eingabe von mehreren Adressen am iPad noch okay ist, ist sie auf dem iPhone – aus Platzgründen – ziemlich unbequem. Der komfortabelste und praktischste Weg bleibt der Computer. Mac-Anwender nutzen dort am besten das systemeigene Adressbuch gleichen Namens. Am Windows-PC wiederum geht es am besten mit Outlook oder Exchange.

→ So lesen Sie die Abbildungen

Bei der Beschreibung der Abbildungen beginnen wir immer links (10 Uhr), folgen dem Uhrzeigersinn durch das obere Menüband (dort liegt auf 11 Uhr sehr zuverlässig eine „Abbrechen"- oder „Zurück"-Taste) und dem Programmfenster in das üblich vorhandene untere Menüband. Tasten und Befehle an Ihrem iOS-Gerät heben wir im Druck zum besseren Wiedererkennen optisch hervor.

Im Überblick: Kontakte

▶ **Namensliste und Register** für das Namensverzeichnis. Mit Tippen auf einen der kleinen Register-Buchstaben springen Sie direkt zu „M" wie Martin. Tipp: Ändern Sie das Sortierverhalten (von Dr. Martin Richard in Richard, Dr. Martin) außerhalb der App in Home *> Einstellungen > Mail, Kontakte, Kalender > Kontakte: > Sortier & Anzeigefolge*.

▶ **Gruppen** sind bei vielen Kontakten nützlich und bringen Ordnung. Weitere Gruppen können Sie am Computer einrichten und via iCloud.com. Anfangs haben Sie an der Stelle einen Dreiviertel-Pfeil: die Taste zum Aktualisieren, um Ihren Datenbestand sofort mit iCloud zu verbinden – ihrer gegenwärtig einzigen Gruppe.

▶ **Name der aktuell** betrachteten Kontakte-Gruppe. Hier die einzige Gruppe: Alle Kontakte aus der persönlichen iCloud.

▶ **Hinzufügen-Taste (+):** Starten Sie hier, wenn Sie einen Datensatz neu anlegen wollen. Am iPhone öffnet sich durch Antippen eines Eintrages die Visitenkarte, am iPad ist sie im Querformat stets zu sehen. Hier sehen Sie alle gespeicherten Daten zur Person: Telefonnummern, E-Mail-Adressen, Straßenadressen. Raten Sie mal, was passiert, wenn Sie diese Felder antippen? Anruf, Mail, Karte.

▶ **Foto:** Hier können Sie dem Kontakt eine Abbildung hinzufügen.

▶ **FaceTime:** Rufen Sie die Person mit Apples Telefondienst FaceTime an – mit Videobild oder nur per Audio.

▶ **Über die Symbol-Tasten** rechts neben Handynummer oder E-Mail-Adresse starten Sie alternative Dienste – statt eines Handyanrufs also eine SMS-Konversation.

▶ **Kontakt senden:** Geben Sie diese Visitenkarte elektronisch an eine andere Person weiter.

▶ **Darunter finden Sie** die Taste *› Zu Favoriten*, mit der Sie diese Person in die „Kurzwahlliste" aufnehmen. In vielen anderen Apps und Systembereichen wird die Favoriten-Liste nützlich.

Einen Kontakt bearbeiten

Beginnen Sie in Ihrer eigenen Visitenkarte, Ihrem Datensatz, der während der ersten Inbetriebnahme Ihres Geräts bereits erzeugt worden sein sollte.

→ **Die Sache mit dem Notfallpass**

Nur in Ihrer eigenen Visitenkarte können Sie einen Notfallpass für Rettungsdienste etwa mit wichtigen Diagnosen oder der Organspendebereitschaft hinterlegen (siehe „Health", S. 120).

1 Am oberen Bildschirmrand können Sie in den *> Bearbeiten-Modus* wechseln.

2 In diesem Modus klappen bereits einige noch leere Felder auf. Die grauen Hilfstexte nennen den jeweiligen Datentyp wie Telefonnummer, E-Mail-Adresse oder Straße, Ort und PLZ für die Postadresse. Ergänzen Sie bitte Ihre Postadresse und Telefonnummer. Am jeweiligen Feldanfang sehen Sie Etiketten (Labels), mit denen Sie Feldwerte wie eine Telefonnummer oder Postadresse genauer definieren können, nach Mobilrufnummer oder Arbeitsadresse. Sie können auch eigene Labels vergeben, seien Sie sparsam damit. Sie müssen aber nicht alle Felder ausfüllen, es werden sowieso von Zauberhand immer mehr.

3 Im Feld *> Zugehörige Namen* können Sie Verwandtschaftsverhältnisse mit anderen Personen eintragen oder mit einem vorhandenen Datensatz verlinken. Sprachassistent Siri nutzt diese Angaben, um eine Anweisung wie „Rufe meine Tochter an!" anstandslos umzusetzen.

4 Bei *> Notizen* geben Sie eigene kurze Texte an: Stichworte zu einer Person, Öffnungszeiten von Ämtern etc.

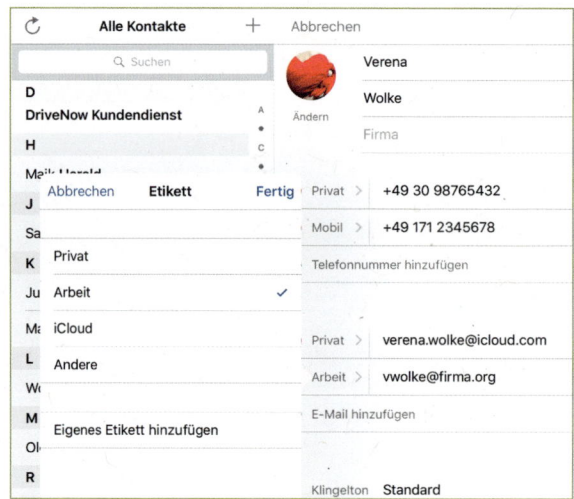

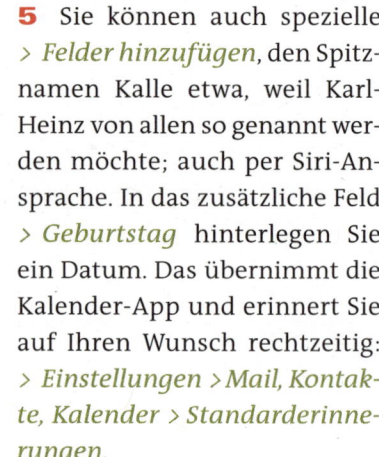

5 Sie können auch spezielle *> Felder hinzufügen*, den Spitznamen Kalle etwa, weil Karl-Heinz von allen so genannt werden möchte; auch per Siri-Ansprache. In das zusätzliche Feld *> Geburtstag* hinterlegen Sie ein Datum. Das übernimmt die Kalender-App und erinnert Sie auf Ihren Wunsch rechtzeitig: *> Einstellungen > Mail, Kontakte, Kalender > Standarderinnerungen*.

6 Und setzen Sie sich ins rechte Licht: Tippen Sie auf den Foto-Platzhalter und wählen *> Foto hinzufügen*. Bitte lächeln! Bitte die *> Kamera wechseln* mit Tipp auf das Symbol! ... Und bitte noch einmal lächeln! Danke, das war's. Drücken Sie auf *> Fertig* und beenden Sie mit diesem Tastendruck den Bearbeiten-Modus.

Einen Kontakt neu anlegen

1 Mit Kontakte *> Hinzufügen*, also einem Tippen auf die +-Taste in der Hauptansicht, legen Sie einen neuen Datensatz an und sind gleich im Bearbeiten-Modus. Das Vorgehen ist dann genauso wie zuvor zum Bearbeiten Ihrer eigenen Visitenkarte. Sitzt gerade jemand neben Ihnen, der in Ihre Adressdatei sollte? Dann können Sie ja spontan ein Foto schießen sowie Geburtstag, Handynummer und E-Mail-Adresse eingeben. Und den Spitznamen? Tipp: Wenn der Bildausschnitt nicht gefällt, können Sie mit Bearbeiten per Geste das Bild ein wenig verschieben sowie ein- und auszoomen.

2 Dann auf *> Fertig* drücken und schon ist der neue Kontakt da. Möchten Sie den Kontakten erst später Fotos aus dem Fundus zuordnen, ist die App Fotos Ihr Startpunkt.

→ Immer an die Vorwahl denken

Ganz gleich in welcher Stadt die Person lebt, geben Sie immer die Vorwahl mit ein, am besten sogar die Landesvorwahl, selbst wenn der- oder diejenige in Deutschland wohnt. Nur so können Sie die Person auch aus dem Ausland anrufen. Lassen Sie also alle Telefonnummern mit „+" und der jeweiligen Landesvorwahl beginnen. Auf dem Ziffernblock erhalten Sie das Pluszeichen, indem Sie die „0" halten. Die folgende Ortsvorwahl schließt dann direkt ohne die erste Null an. Die Rufnummer 21 65 24 07 in München sähe also so aus: +49 89 21 65 24 07. iOS formatiert die Zahlenreihe automatisch, Sie können die Glieder auch mit „-" oder „." trennen. Leerzeichen sind aus technischen Gründen ungünstig. Das „kluge" iPhone kann aber im Ausland das genaue Präfix für den internationalen oder lokalen Anruf selbstständig setzen (> Einstellungen > Telefon > Wählhilfe). Gut zu wissen: Selbst wenn Sie von Ihrem Festnetztelefon Ihren Nachbarn mit der internationalen Vorwahl für Deutschland (00 49 ...) anriefen, bliebe es ein Ortsgespräch.

Kann ich einen Kontakt ganz löschen?

Natürlich: *> Kontakte > Datensatz wählen > Bearbeiten*. Mit Antippen der roten Taste ganz unten *> Löschen* Sie ihn auch in iCloud und synchronisieren die Löschung mit anderen iOS-Geräten!

Info

Adressbücher nutzen: Wie genau in der persönlichen Umgebung ein Abgleich mit dem eigenen Computersystem und dem iGerät funktioniert, erklärt ein guter Support-Artikel von Apple https://support.apple.com/HT201253.

Möglicherweise kann auch ein Familienmitglied mit digitalem Adressbuch viel Tipparbeit ersparen: Bitten Sie um einen Auszug von gemeinsamen Kontakten als vCard (dabei handelt es sich um Dateien, deren Name mit einem „.vfc" endet) und das Zusenden als E-Mail-Anhang. Damit kann iOS viel anfangen!

Telefonnummern von alten Handys kann ein kundiger Mobilfunkverkäufer auch auf das iPhone übertragen – oder man selbst: als MMS, E-Mail, per SIM-Import oder per Google-Handyprogramm und einem Account für den E-Mail-Dienst des Suchmaschinenanbieters.

Aktive Facebook- oder Xing-Nutzer können sich ebenfalls an Ihren schon bestehenden Online-Adressbüchern bedienen – ganz einfach per App und nicht ohne Warnmeldung. Unter neuen Macs und jungen iOS-Geräten ist auch Airdrop ein Übertragungsweg.

Ich möchte bloß einige Datenfelder löschen ...

Wenn sich eine Adresse komplett geändert hat oder weggefallen ist, können Sie im Bearbeiten-Modus eines Kontakts über kleine rote Minus-Taster jene Felder > *Zum Löschen anmelden* – und dann > *Löschen*. Überschreiben geht auch, ist aus technischer Sicht aber unsauber. Und iCloud ist sauberes Synchronisieren lieber.

Notizen:
Besser aufschreiben

Die besten Ideen kommen immer zur falschen Zeit: wenn es mal nichts zum Aufschreiben gibt. In einer solchen Situation hilft der Notizblock in iPhone und iPad. Er ist – wie jede App – auch während eines (Video-)Telefonats nutzbar. Die Notizfunktion weist aber noch einen Vorteil auf: Sie können die Notiz nicht nur ausdrucken, sondern auch versenden. Übrigens: Mit jedem IMAP-Mail-Konto werden die Notizen auf iPhone, iPad und Computer lokal und in der Wolke aktuell gehalten, denn technisch ist eine solche Notiz eigentlich bloß eine E-Mail an sich selbst. Mit iOS 9 hat Apple der App neue Möglichkeiten beschert, die nur per iCloud funktionieren.
Am iPad teilt sich im Querformat die Anzeige in die Listenansicht linker Hand und die Notizansicht, am iPhone (und bei der Slide-over-Darstellung am iPad) sind die einzelnen Bereiche stets einen Tipp voneinander entfernt.
Zu Beginn ist Ihr digitaler Notizblock ja noch leer, aber einige Bedienelemente wollen wir Ihnen jetzt schon vorstellen. Beim ersten Start öffnet sich die App in der Ordneransicht und listet unter iCloud den von iOS angelegten Standardordner „Notizen". Legen Sie jetzt gleich einen > *neuen Ordner* an und nennen Sie ihn „Training".

Tauchen Sie mit einem Tipp auf den neuen Ordnernamen in seine noch leere Struktur und beginnen Sie mit einer › *neuen Notiz* – über die Taste mit Stift und Block. Schreiben Sie nun einige Worte (z. B. „Meine erste Notiz") und springen auf der Tastatur mit › *Return* eine oder zwei Zeilen tiefer. Dort schreiben Sie weiter mit etwas unsinnigem Blindtext. Speichern müssen Sie Notizen nicht, das erledigt iOS für Sie im Hintergrund (und synchronisiert sie per iCloud auch auf andere Geräte).

Im Überblick: Notizen

Was können Sie nun mit Ihrer Notiz anfangen?

▶ **Zurück in die Ordnerstruktur:** Springen Sie zurück in die Notizenliste, indem Sie auf den angezeigten Ordnernamen tippen – oder noch weiter in die Übersicht, um Zugriff auf alle Ordner in allen Mail-Accounts zu erlangen. Navigieren Sie bitte wieder zurück in Ihre Testnotiz. Sie bemerken sicherlich, dass Ihre Testnotiz in der Liste mit der von Ihnen vergebenen Überschrift (erste Zeile) ausgezeichnet ist und sich daran ein kurzer „Anleser" anschließt. Ein iPad im Querformat zeigt links oben stattdessen einen Doppelpfeil an, mit dem Sie in einen Vollbildmodus wechseln und die sonst immer angezeigte Listenansicht ausblenden können.

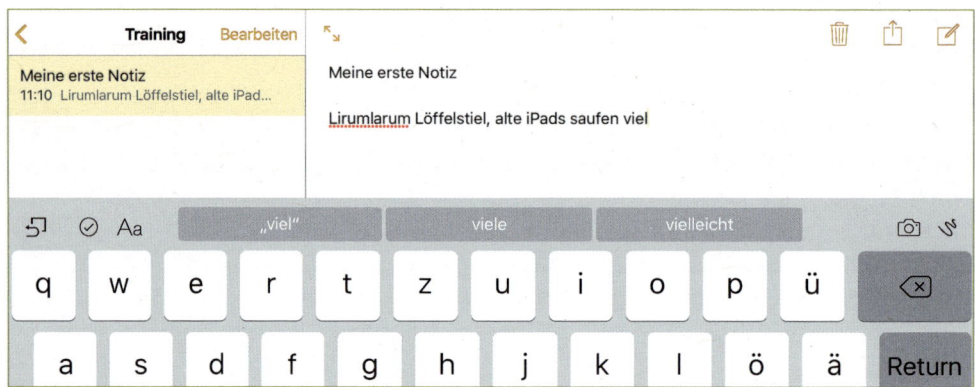

Die weiteren Bedienelemente sind an iPhone und iPad unterschiedlich verteilt, tragen aber dieselben Symbole:

▶ **Papierkorb:** Bewegen Sie eine Notiz in den Papierkorb; erst nach einem Monat wird sie tatsächlich gelöscht.

▶ **Freigabe-Taste:** Verschicken oder drucken Sie eine Notiz per AirPrint.

▶ **Freihandzeichnen:** Diese neue Funktion starten Sie mit Tipp auf die Taste mit der geschwungenen Linie. Probieren Sie das bitte aus: Sie erhalten am unteren Bildschirmrand mit Filzstift, fettem Marker und feinem Bleistift drei unterschiedliche Werkzeugspitzen und können diese einer der angebotenen 22 Farben zuordnen. Für gerade Linien legen Sie bitte das Lineal an, bewegen Sie es mit einem und richten Sie es mit zwei Fingern und einer Drehbewegung nach Ihrem Wunsch aus. Mit der Radiergummispitze können Sie gezeichnete Bereiche löschen. Im Freihandmodus können Sie die letzten Schritte mit der rückwärtsgerichteten Pfeiltaste widerrufen und mit der benachbarten Taste das Widerrufen auch wieder rückgängig machen (Lage auf 11 Uhr). Außerdem können Sie die Zeichnung in 90°-Schritten drehen. Ist Ihre Zeichnung fertig? Zur späteren Weiterbearbeitung tippen Sie kurz in die Zeichnung innerhalb der Notiz – eine weitere Zeichnung fügen Sie erneut mit der Taste zum Freihandzeichnen ein. Möchten Sie unterhalb der Zeichnung mit der Tastatur weiterschreiben, müssen Sie sehr genau den Bereich unterhalb der Zeichnung antippen, um die Tastatur auszufahren.

▶ **Foto hinzufügen:** Eine Notiz können Sie mit Bildern anreichern, etwa um ein Veranstaltungsplakat oder ein gerade kaputt gegangenes Leuchtmittel, um sich bestimmte Details (Kartenhotline, Halogenleuchtensockel) ohne Aufschreiben merken zu können.

In der Listenansicht können Sie sich oberhalb des ersten Eintrags ein Suchfeld herbeiwischen, wenn Ihre Zettelsammlung unübersichtliche Ausmaße angenommen hat. Mit *> Bearbeiten* können Sie Notizen markieren und danach in andere Ordner bewegen oder in einem Schwung löschen, einzelne Notizen können Sie in der Liste mit Wisch nach links ebenfalls zum Löschen anmelden. Die Taste mit den vier Quadraten öffnet Ihnen die Anhangsübersicht, in der Sie etwa alle Zeichnungen und Fotos Ihrer Notizen aufrufen können.

Besser schreiben: Die Bildschirmtastatur

Die virtuelle Tastatur von iOS fordert von uns Anwendern einiges an Geschicklichkeit und Frustrationstoleranz. Und weil Sie ab jetzt mit größeren Textmengen arbeiten werden, wird es höchste Zeit, Sie sowohl mit einigen iOS-Einstellungen vertrauter zu machen als auch das Arbeiten mit Text (markieren, kopieren, einfügen) einzuüben.

Tastatur-Layout und Eingabesprache ändern

Sie arbeiten bislang mit der deutschen Umlauttastatur und kennen bereits die vier Tastaturebenen und die Zusatzbelegung einzelner Buchstaben mit Sonderzeichen wie Å, ñ oder ß (siehe „Auf die Plätze ...", S. 36). Mit dem folgenden Trick lassen wir auch die deutschen Umlaute hinter ihren Mutterbuchstaben verschwinden und Sie gewinnen eine etwas ergonomischere Tastatur. Verlassen Sie also die Notizen-App und folgen Sie uns zu *> Home > Einstellungen > Allgemein > Tastatur*, wo weit am Ende der Liste zahlreiche Anpassungsmöglichkeiten geboten werden.

Tastatur-Layout ändern

Tippen Sie zunächst auf den ersten Eintrag namens
> Tastaturen, bei Ihnen sind jetzt die Umlauttastatur
(Deutsch (Deutschland)) und die für die lustigen Ge-
sichter und Symbole (Emoji) aktiv. Sie möchten jetzt ei-
ne weitere *> Tastatur hinzufügen...*, wählen *> Deutsch
(Deutschland)* und aktivieren im Folgebildschirm
> QWERTZ und danach *> Fertig*. Nun haben Sie derer
drei.

Sie wollen nun wissen, wie sich das auswirkt? Auf in die
> Notizen, ab in Ihre erste Notiz, wo Sie in einen Textbe-
reich tippen, sodass die Tastatur ausfährt. Noch sehen
Sie keine Änderung? Richtig: Tippen und halten Sie die
Globus-Taste und wechseln Sie zum unteren Eintrag.
Nun fehlen zwar die drei Tasten rechter Hand für die
deutschen Umlaute (Sie rufen ab jetzt ein „ö" über das
Halten eines „o"s auf), dadurch werden die einzelnen
Tasten etwas breiter und stehen nun – wie auf einer
echten Tastatur – in den Reihen versetzt. Das verbes-
sert die optische Wahrnehmung und auch Tippfehler
werden seltener. Und? Könnte Ihnen das gefallen?
Dann gleich zurück in *> Home > Einstellungen > Allgemein > Tastatur > Tastaturen* – dort bearbeiten Sie die

Liste, indem Sie die QWERTZ-Tastatur am rechten Anfasser ganz
nach oben schieben und die Umlauttastatur über den roten Knopf
tatsächlich löschen.

Fremdsprachenunterstützung aktivieren

Im 21. Jahrhundert ist es ja keine Seltenheit mehr, dass der Mensch
mehrere Sprachen spricht und schreibt – und weil die meisten immerhin ein wenig Schulenglisch beherrschen, schalten wir nun diesen weiteren Sprachraum aktiv. Natürlich könnten Sie auch mit der
„deutschen" Tastatur auf der Schreibmaschine englische Texte

schreiben, da aber die Rechtschreibkontrolle von iOS sich an der ausgewählten Tastatur orientiert, würde iOS das englische „address" ungewünscht stets in die deutsche „Adresse" ändern. Wieder ist > *Home* > *Einstellungen* > *Allgemein* > *Tastatur* > *Tastaturen* > *Tastatur* hinzufügen der Startpunkt. Wählen Sie aus der Liste > *Englisch (GB)* für die feine britische Art oder > *Englisch* für den US-amerikanischen Sprachraum mit abweichenden Rechtschreibregeln aus. Flugs haben Sie einen dritten Eintrag in der Liste, den Sie bitte antippen: QWERTY ist nun als Tastaturbelegung ausgewählt, das „z" ist also nach links unten verrutscht wie bei den Angelsachsen üblich. Ihnen hilft dieser Buchstabentausch (und die englische Beschriftung) beim Anblick der Tastatur, um sofort zu erkennen, dass Sie sich nicht im deutschen Sprachraum bewegen – wie Sie hier sehen, können Sie aber auch auf das hiesige QWERTZ-Layout umschalten. Das ist Geschmackssache.

Wechseln Sie wieder in die Notizen-App – and give it a try: Tap and hold the Globe-Key, change to „English" and type some words in that language. Und schalten Sie wieder zurück auf „Deutsch".

Korrektor und Schreibhelfer

Sie kennen das bestimmt aus dem Alltag: Wir benutzen in der Schrift- und auch in der gesprochenen Sprache immer wieder dieselben Floskeln, jeder seine eigenen. Um das zu verkürzen (und um Tippfehler zu minimieren), können Sie innerhalb der Tastatureinstellungen genau solche Floskeln als > *Textersetzung* definieren. Den Klassiker „mfg" hat iOS bereits vorbereitet und zaubert ungefragt eine komplette Grußformel in jeden Text – egal ob Notiz, Mail oder SMS. Wenn Sie sich Ihre neue SEPA-Bankverbindung auch nicht merken können, dann könnten Sie hier einen Kurzbefehl hinzufügen mit der +-Taste. Als Text geben Sie Ihre IBAN und BIC ein, als Kurzbefehl etwa „giro-1", um es vom Zweitkonto zu unterscheiden. „spät45" könnte zu „Ich verspäte mich leider eine Dreiviertelstunde. Bis gleich!" werden. Sichern nicht vergessen!

Weitere praktische Helfer sind:

▶ **Auto-Großschreibung** sorgt für Großbuchstaben am Satzanfang (hinter einem Punkt) und bei Substantiven; das verhagelt sich allerdings schnell nach Abkürzungen wie „ca.". Damit kann man gut leben bis zu dem Augenblick, wo man seine eigene fehlerhafte Groß- / Kleinschreibung korrigieren will.

▶ **Auto-Korrektur** ist gut gemeinte, aber nicht immer gut gemachte automatische Verbesserung eines Wortes. Hilflos bei Dialekten, störend bei Verwendung mehrerer Sprachen („Denglisch"). Den Vorschlag nehmen Sie einfach per Leerschlag an, noch während Sie das Wort schreiben. Sie können den Vorschlag ablehnen, indem Sie das kleine „X" neben dem Vorschlag treffen. Vom Auto-Korrektor geänderte Begriffe sind blau unterpunktet, Sie können per Tipp auf das Wort den alten Zustand wieder einsetzen.

▶ **Korrektur** zeigt womöglich falsch geschriebene Wörter rot unterpunktet an und schlägt auf Antippen jener Stelle Alternativschreibungen vor. Hilfreich und unaufdringlich.

▶ **Feststelltaste** aktiviert die doppelte Belegung der Hochstelltaste (Caps Lock). Sorgt manchmal für ein versehentliches Großschreiben. Vielschreiber deaktivieren auch am Computer diese Funktion.

▶ **Vorschläge** blendet beim Tippen der ersten Buchstaben oberhalb der Tastatur drei Vorschläge ein, man spart sich Tippfehler und -arbeit durch die Auswahl des richtigen Vorschlags. Ist auf dem kleinen iPhone-4S-Display sehr raumgreifend, lässt sich alternativ auch über die Globus-Taste der Tastatur abschalten.

▶ **Zeichenvorschau** (de)aktiviert am iPhone die kurzzeitige Vergrößerung des gerade angeschlagenen Buchstabens.

▶ **Geteilte Tastatur** (de)aktiviert an iPads dieses spezielle Feature, das Sie im Betrieb über die Tastatur-Taste unten rechts aktivieren. Praktisch bei kleinen Händen und großen iPads.

▶ **„."-Kurzbefehl** ist sehr praktisch nach der Gewöhnung, denn am Satzende genügen dann zwei Leerzeichen – und schon entsteht der Punkt von selbst.

Markieren, kopieren, einfügen

Für unsere nächste Trainingseinheit brauchen wir viel Text. Vielleicht haben Sie in der Schule ja das eine oder andere Gedicht gelernt – und vielleicht möchten Sie es in eine neue Notiz niederschreiben. Vielleicht sind Sie aber auch so wie wir vergesslich und faul, denn nach den ersten vier Zeilen von „Herr von Ribbeck auf Ribbeck im Havelland" verlässt uns die Erinnerung. Ein Fall für die Wikipedia: Bitte öffnen Sie das Onlinelexikon und suchen Sie nach dem gleichnamigen Artikel. Erst ganz unten im Artikel finden Sie einen Weblink zum Originaltext auf Wikisource. (Wenn Sie das Ziel erreicht haben, wechseln Sie bitte am iPad über die Freigabe-Taste im oberen Menüband auf die Desktop-Version, sonst wird es gleich sehr fummelig.)

Indem Sie eines der Worte aus der Textstelle antippen, markieren Sie es – iOS hinterlegt es blau. Treffen Sie die kleinen Anfasserpunkte und erweitern Sie so die Auswahl nach oben und nach unten, sodass die gesamte Ballade markiert ist. Zum genaueren Arbeiten

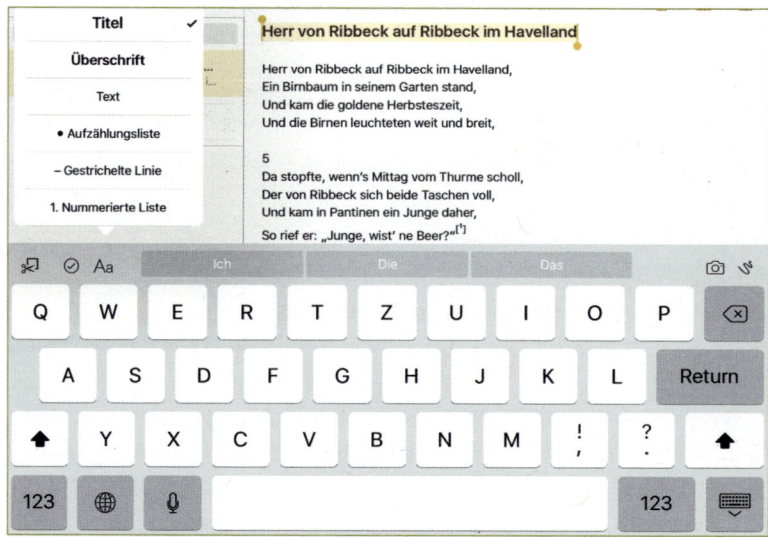

können Sie die Seite mit der Zoomgeste vergrößern. Mit markiertem Text können Sie einiges anstellen, denn es öffnet sich ein Kontextmenü u. a. mit dem Befehl Kopieren. Nach einem Tipp darauf liegt der Text im Hintergrund zum Einfügen bereit.

Wechseln Sie zurück in die App Notizen und legen sich dort eine neue an. Tippen Sie nun an die Stelle, an der der gerade kopierte Text eingefügt werden soll – in einer leeren Notiz ist die Auswahl nicht so groß. Wieder erscheint ein kleines Kontextmenü – jetzt mit dem Befehl > *Einfügen*. Das kennen Sie doch auch vom PC, oder?

Bislang kennen Sie nur die Löschtaste, um Texte von hinten nach vorne zu korrigieren. Da geht noch mehr! Zunächst kümmern wir uns um die erste Zeile und ergänzen eine Überschrift – sie wird ja der „Titel" dieser Notiz. Finden Sie einen Tippfehler oder eine Passage, die Sie spontan veralbern wollen? Tippen und halten Sie Ihre Fingerspitze auf einen Bereich nahe dem Tippfehler, aber immer noch im beschriebenen Bereich des digitalen Zettels. Ihr ruhiger Finger zaubert eine Lupe herbei, mit der Sie nun genauer sehen können; bewegen Sie ihn genau hinter den Tippfehler. Sobald ein Textbereich markiert ist (das geht auch per Doppeltippen), erscheint ein Kontextmenü mit einigen Befehlen. Einige Apps haben im Kontextmenü selbst noch eine Dreieckstaste, die weitere Befehle einblendet.

Das Adlerauge von iOS erkennt ein möglicherweise falsch geschriebenes Wort. Mit einem Tippen schlägt das Kontextmenü andere Schreibweisen vor. Die Tastatur ist ebenfalls ausgefahren, Sie können das ganze Wort auch neu schreiben. Das geht häufig schneller, als den Cursor buchstabengenau zu setzen.

Haben Sie vielleicht einige Sätze getippt und möchten den letzten Satz lieber doch gleich an erster Stelle platzieren? Hier müssen also ganze Textpassagen markiert und verschoben werden. Fangen Sie irgendwo in dem „falschen" Satz an, bis ein Wort markiert ist. An den blauen Anfassern können Sie (links) die Markierung nach oben oder (rechts) nach unten ausdehnen. Der Rest ist einfach: ausschneiden, den Cursor korrekt setzen – und einfügen. Und am iPad wird es noch einfacher: Während Sie am iPhone die Bearbeitung stets über das Kontextmenü steuern, hat die iPad-Tastatur so viel Platz, dass sie eigene Tasten hierfür hat. *> Ausschneiden, > Kopieren* und *> Einfügen* steuern Sie hier zusätzlich über die Taste mit der Schere, die Taste mit dem Häkchen macht aus einer Zeile oder einem Absatz ein Objekt „zum Abhaken" (praktisch für Einkaufslisten), daneben mit aA eine Schnellformatierung, um längeren Texten wie der Mitschrift einer Vorlesung gleich eine richtige Struktur zu geben.

Die letzten beiden Optionen können Sie am iPhone auch nutzen – nach einem Tipp auf das graue Plus-Symbol. Die Modi *> Freihandzeichnen* und *> Foto anhängen* kennen Sie bereits.

Für Vielschreiber: Mit richtigen Tastaturen arbeiten

Die Bildschirmtastatur ist ein guter Kompromiss zwischen unserem gewohnten Tippverhalten und den technischen Möglichkeiten des Touch-Screens. Und Sie hat den Vorteil, dass sie nicht kaputtgehen kann – jedenfalls nicht von allein. Nach einiger Zeit stellen Sie möglicherweise fest, dass eine externe, eine „echte" Tastatur praktisch wäre und das iPad dann auch als kleiner Monitor aufrecht stehen könnte. Natürlich hat Apple darauf eine Antwort. Sie kostet knapp 80 Euro und heißt Wireless Keyboard. Sie können aber jede Tastatur mit Bluetooth-Funk anschließen, selbst solche aus Billigplastik. Und die in einigen iPad-Hüllen eingelassenen Tastaturen ebenfalls. Überprüfen Sie zunächst unter *> Einstellungen > Bluetooth*, ob der Bluetooth-Funk aktiv ist. Danach schalten Sie die Tastatur ein, beide Geräte finden sich automatisch. Zur Sicherheit müssen Sie nun einmalig einen Code über die Tastatur eingeben („pairen" oder „koppeln"). Das war es in der Regel schon; ein Blick in die Anleitung und das iOS-E-Book helfen sonst weiter. Das neue iPad Pro besitzt sogar einen eigenen Anschluss für eine Tastatur und kann daher gut auf Funk verzichten.

→ **Notiz mit Siri**

Natürlich kann auch Siri für Sie eine kurze Notiz schreiben, wenn Sie gerade keine Hand frei haben. Rufen Sie Siri auf und sprechen Sie einfach: „Notiere: 50 Euro an Peter verliehen."

Mail ist die neue Post

Der handgeschriebene Brief im parfümierten Umschlag, frankiert gar mit einer Wohlfahrtsmarke – er ist eine aussterbende Kommunikationsform. Die Ansichtskarte aus dem Urlaub hat's ja schon schwer heutzutage. Und warum? Ansichtskarten kommen heute in Form eines Fotogrußes mit persönlichen, maschinengeschriebenen Zeilen viel billiger und schneller als E-Mail daher. Und urschriftlich wie mit der Hand sind Schreiben heute unpraktisch: oft unleserlich und mit moderner Bürokommunikation nicht „kompatibel". Es ist so praktisch, mit wenigen Klicks einem kurzen Brief Manuskripte und Bilder anzuhängen und gleich an mehrere Empfänger abzuschicken. In Sekundenschnelle! Oder zu empfangen, nur Teile auszudrucken, andere an Kollegen weiterzuleiten und sich per Antwort-Mail brav zu bedanken und alles ohne zu lochen und zu heften digital abzulegen. Die App, die Sie dafür benutzen, heißt Mail und befindet sich normalerweise im Dock.

Sie haben Post!

Die Bedienung der Mail-App ist an iPhone und iPad identisch. Der einzige Unterschied wie so oft: Das iPad genauso wie das große iPhone Plus kann mehr darstellen und tut es im Querformat auch – links die Postfachliste und rechts den E-Mail-Bereich. Darum brauchen die „normalen" iPhones im E-Mail-Bereich zusätzliche Tasten: oben links eine für zurück zur nächsthöheren Ebene und rechter

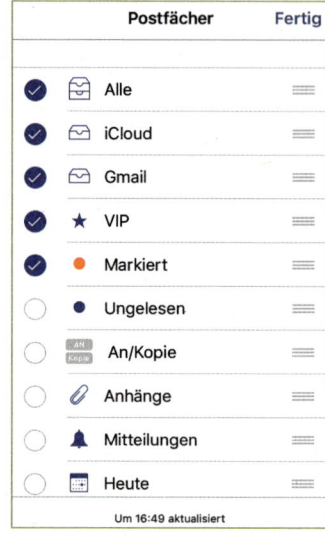

Postfächer		Fertig
✓	✉ Alle	☰
✓	✉ iCloud	☰
✓	✉ Gmail	☰
✓	★ VIP	☰
✓	● Markiert	☰
○	● Ungelesen	☰
○	An/Kopie	☰
○	📎 Anhänge	☰
○	🔔 Mitteilungen	☰
○	📅 Heute	☰
	Um 16:49 aktualisiert	

Hand Navigationstasten in Dreiecksform, um sich Mail für Mail durchzuklicken.

▶ **Liste der Postfächer:** Übersicht Ihrer Postfachstruktur mit Eingangsordner und Schnellzugang zu besonders markierten Mails – den ungelesenen, den markierten und denen von wichtigen Personen. Außerdem das Postfach für von Ihnen gesendete Post und für gelöschte Mails. Neue Postfächer legt das System möglicherweise selbst an (unerwünschte Werbung), mit Tippen auf *> Bearbeiten* können Sie einen eigenen Ordner anlegen , bei mehreren E-Mail-Adressen und -Accounts auch die Reihenfolge verschieben. Apple hat Ihnen geschrieben, ganz sicher! Sämtliche ungelesene Post ist blau markiert. Öffnen Sie bitte eine der E-Mails.

Info

Die App Funcard: Der Urlaubsgruß per Postkarte erlebt einen neuen Frühling: Mit der App Funcard „druckt" man vom Hotel den gerade aufgenommenen Schnappschuss auf den Fotodrucker der Deutschen Post aus, wo das Bild – auf der Rückseite um Adresse und persönlichen Gruß ergänzt – dann frankiert und zwei, drei Tage später vom Postboten zugestellt wird. Keine ausländischen Briefmarken, keine langen Laufwege, keine Karte von der Stange – für knapp zwei Euro plus Hotel-WLAN.

Im Überblick: Das ist dran an der E-Mail

E-Mails werden offen durch das Internet geschickt, so offen wie eine Ansichtskarte mit der Briefpost. Natürlich lässt sich das Mitlesen vermeiden, indem man den Nachrichtentext und die Dateianhänge verschlüsselt, nur leider macht das kaum ein Nutzer. Immer sichtbar bleiben aber die Transportdaten: von wem an wen über welche Zwischenstationen – und alles mit genauem Zeitstempel. Natürlich sind diese Transportdaten auch für Sie sehr nützlich.

▶ **Genaue Absender-Informationen** erhalten Sie per Tippen auf die farbige Taste mit dem Absendernamen. So können Sie auch eine E-Mail-Adresse einem schon vorhandenen Kontakt hinzufügen oder einen neuen Datensatz anlegen. Die App Mail greift hierfür auf die Datenbank der Kontakte-App zurück.

▶ **Weitere Informationen** zu möglicherweise weiteren Empfängern zeigt der Link *> mehr*. Verbraucht Darstellungsplatz, kann man daher auch wieder ausblenden.

▶ **Fett gedruckt** ist die Betreffzeile. Bitte achten Sie in Ihren eigenen Mails auf einen aussagekräftigen Betreff. Das freut andere.

▶ **Datum und Uhrzeit** des Versands finden unter dem Betreff.

▶ **Der Nachrichtentext** folgt wiederum darunter.

▶ **Datei-Anhänge** finden sich – wenn vorhanden – am Ende einer Mail oder sind in den Text (häufig bei Bildern) eingebettet. Mit einem Antippen können Sie Anhänge speichern.

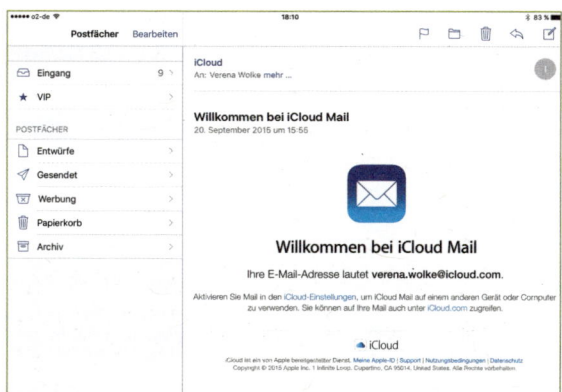

Antworten, Weiterleiten, Ausdrucken

Wenn Sie die E-Mail gelesen haben, können Sie sofort reagieren.

1 Berühren (tippen) oder halten Sie den geschwungenen, nach links weisenden Pfeil.

2 *> Antworten* Sie dem Absender und übernehmen Sie damit auch seine Betreffzeile. Waren mehrere Personen angeschrieben, können Sie *> Allen antworten*, in Ihrer Antwort aber alle Empfänger noch bearbeiten, löschen oder weitere hinzufügen.

3 Mitunter ist die Aussage in einer Mail auch interessant für einen Dritten. Mit der Pfeiltaste können Sie diese Nachricht dann entsprechend > *weiterleiten*. Wenn sich eine angehängte Datei (z. B. Text, Bild) darin befindet, werden Sie noch einmal gefragt, ob Sie den Anhang übernehmen oder nicht übernehmen wollen.
4 Wie am Computer können Sie auch E-Mails vom iPhone oder iPad > *ausdrucken*. Dafür bedarf es eines Netzwerkdruckers im selben WLAN, der von Haus aus oder über ein Update AirPrint-fähig ist.

Löschen

Vieles können Sie gleich in die Tonne kippen, sonst ersticken Sie irgendwann in Post. Außerdem können Sie versehentlich gelöschte Post aus dem Papierkorb – Sie haben ihn in der Ordnerstruktur schon gesehen – wieder herausbewegen. Erst nach einer Woche kommt die digitale Müllabfuhr, so ist der Standardplan.
Tippen Sie die Taste Papierkorb zum Löschen einer E-Mail an. Größere Mengen Post lassen sich in der Postfachansicht > *bearbeiten* und gleich gesammelt auf einmal > *löschen*.

In andere Ordner bewegen und archivieren

E-Mails, die Ihnen wichtig erscheinen, können Sie zur besseren Strukturierung in andere Ordner verschieben – von jedem Fach in jedes Fach, auch von einem E-Mail-Account bei iCloud zu einem anderen bei GMX, Web.de, Google & Co.

Als ungelesen oder wichtig markieren

1 Um eine wichtige, bereits gelesene E-Mail nicht aus den Augen zu verlieren, können Sie das Schreiben als

> *ungelesen markieren* und/oder ihm ein Etikett, das „rote Fähnchen", anheften. Dieselbe Taste nimmt diese Markierungen auch zurück.

2 Sie können sich auch über eine gesonderte > *Mitteilung* informieren lassen, wenn es eine Antwort auf genau diese E-Mail gibt. Das ist praktisch, wenn man dieses Postfach (bei mehreren E-Mail-Adressen) nicht so häufig überwacht wie das Hauptpostfach.

3 In der Listenansicht können Sie zudem mit Wischgesten arbeiten. Streichen von links nach rechts markiert eine Mail – je nachdem – als gelesen oder ungelesen. Ein Streichen von rechts nach links zeigt mehr Befehle, darunter auch das Löschen. Vorsicht: Wischt man zu kräftig, interpretiert iOS das als „Löschen ohne Nachfrage" oder „Lesestatus sofort ändern". Probieren Sie das bitte aus, auch das manuelle Zurücksetzen des Lesestatus und das Zurückbewegen einer Mail aus dem Papierkorb.

E-Mails abrufen

iCloud nutzt neben IMAP ein relativ neuartiges Verfahren, den sogenannten Push-Dienst. Dabei hält die Mail-App dauerhaft eine Leitung zum iCloud-Server offen, sodass der Server neue Post selbsttätig durch die Leitung auf das Gerät schieben kann.

Viele andere Anbieter können das nicht, was vielleicht ganz gut ist, denn das ständige Schielen nach neuen Botschaften lenkt doch schnell vom eigentlichen Leben ab. Den Push-Dienst und das automatische Abrufverhalten anderer Accounts steuern Sie unter > *Home >* *Einstellungen > Mail, Kontakte, Kalender > Datenabgleich*. So können Sie auch Postfächer automatisiert abfragen, die Push gar nicht unterstützen – zum Beispiel im Stundentakt. Die Mitteilungszentrale und ein roter Zähler am Mail-App-Icon informieren unübersehbar über neue Post.

Sofortiger Abruf neuer E-Mails

Die Mail-App fragt beim Aufrufen durch Sie ohnehin alle Postfächer ab. Durch das Herunterziehen jeder Listenansicht sowie durch die Reload-Taste können Sie diesen Rundruf aber auch jederzeit selbst anstoßen.

Weniger tippen: Signaturen und Textbausteine einfügen

Statt eines Briefkopfes (bei E-Mail ist der „Kopf" der Ort, in dem Transportdaten stehen) verwenden viele Nutzer Signaturen, die dann am Ende einer Mail stehen. Formvollendet ist sie, wenn sie mit drei Bindestrichen (---) beginnt und gleich in der nächsten Zeile mit dem eigenen (Firmen-)Namen. Dann folgen Zeile für Zeile Adresse, eventuell Telefonnummern und Ähnliches. Manche setzen auch eine Grußformel mit in die Signatur. Haben Sie am PC schon Ihre Signatur eingerichtet, schicken Sie sich am besten selbst eine Mail an die iCloud-Adresse und kopieren jetzt die Textpassage. Danach führt Sie der Weg *> Home > Einstellungen > Mail, Kontakte, Kalender > Signaturen* an den richtigen Ort, wo Sie „von meinem iGerät gesendet" durch Ihre persönliche Signatur ersetzen.
Immer wiederkehrende Textbausteine können Sie in *> Einstellungen > Allgemein > Tastatur > Textersetzungen* definieren und natürlich mit der Signatur kombinieren, einzeln aber auch in allen anderen Apps nutzen, zum Beispiel beim SMS-Schreiben in Nachrichten. Und echte E-Mail-Profis unterscheiden zudem bei ihren Signaturen zwischen den einzelnen Accounts: Firmenpost hat einen anderen Briefkopf als die private.

Die wahre Pest: Spam & Phishing

Spam (oder Junk = Müll) werden unerwünschte Werbemails genannt. Unerwünscht, weil Sie sich belästigt fühlen. Die Grenze zum Unseriösen ist schnell erreicht und manche Post ist kriminell, weil sie sich als seriöses Bank-Schreiben tarnt und Sie auffordert, Daten preiszugeben: Postadresse, Geburtsdatum, Bankverbindung, gar

Kreditkartennummer oder PIN und TAN fürs Onlinebanking. Das beste Mittel gegen Spam und Ausspähversuche (Phishing): ignorieren, löschen, nicht antworten, Anhänge nicht öffnen und Internetlinks in solchen Mails auch nicht aus Neugier folgen. Käme tatsächlich solch eine Mail von Ihrem Lieblingshändler oder Ihrer Kreditkarten-Bank in Ihr Blickfeld, dann rufen Sie besser dort an – und zwar unter Ihnen bekannten Rufnummern (aus dem Adressbuch oder von der Telefonauskunft). Jeder kennt das Dilemma und jeder hat dafür vollstes Verständnis.

Was kann ich gegen Spam machen?

Vieles blocken die Provider bereits im Netz, das bekommt der Endanwender gar nicht mit. Trotzdem unterläuft ein tatsächlich kleiner Teil Junk solche Schutzmechanismen. Außerdem unterstellen die Provider zu Recht, dass Onlinehändler Ihre Bestandskunden bewerben dürfen. Viele Konsumenten wollen Schnäppchenwerbung und haben dem meist auch zugestimmt – oftmals gegen Rabattgutscheine oder bei Gewinnspielen.

→ **Goldene Regeln zur Vermeidung von Spam**

Verbreiten Sie Ihre persönliche E-Mail-Adresse nicht wahllos und nicht sichtbar in Internet-Kommentaren oder Diskussionsforen. Sie geben auch nicht jedem Hanswurst Ihre private Handynummer – das Netz vergisst nicht.

Wenn bei der Schnäppchen- und Gewinnjagd Ihr Fieber steigt, legen Sie sich dafür eine zusätzliche E-Mail-Adresse bei einem anderen Anbieter zu. Das ist der erste Baustein, um wichtige von unwichtiger Kommunikation filtern zu können.

Pflegen Sie das elektronische Adressbuch: Wer bei Ihnen als Kontakt vorhanden ist, wird bei der letzten Spam-Prüfung von iCloud und iOS auf Ihre weiße Liste gesetzt.

Trainieren Sie Ihren Spam-Filter und markieren Sie Spam als

tatsächlich unerwünschte Werbung. Solange iPhone oder iPad nichts Genaues wissen, können die Maschinen das Unerwünschte vom Gewollten schwer unterscheiden.

Werbemails und sogenannte Newsletter besitzen oft einen Link zum Abmelden, damit Ihre Adresse aus dem Verteiler gelöscht wird. Das ist verlässlich bei Händlern, die man kennt. Unseriöse Spammer tarnen mit solchen leeren Versprechungen bloß den Wunsch, zu erfahren, ob die Werbung angekommen ist und man zukünftig diese Adresse dafür weiter missbrauchen kann.

Einen weiteren E-Mail-Account hinzufügen

Sie sind bei Ihrer Mail-Kommunikation nicht auf iCloud beschränkt. Ein „fremdes" Postfach können Sie dem Apple-Gerät mit *> Home > Einstellungen > Mail, Kontakte, Kalender > als Account hinzufügen*. Haben Sie eine Adresse bei einem großen Anbieter, ist das Hinzufügen einfach (bei Schwierigkeiten hilft das elektronische Benutzerhandbuch). Andernfalls müssen Sie selbst die Zu-

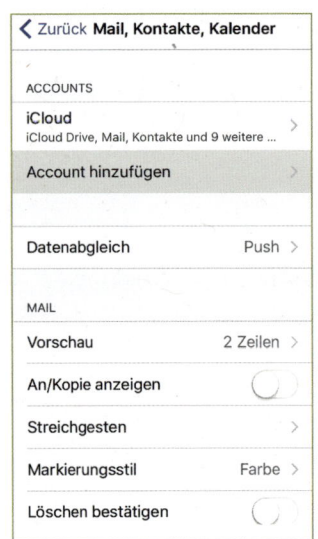

gangsdaten samt Postein- und -ausgangsserver bei Ihrem Provider in Erfahrung bringen – bevorzugt IMAP. Mit Googles Maildienst verstehen sich iPhone und iPad glänzend und können ihn ebenfalls zum Speichern und Auslesen von Notizen, Adressen und Kalenderereignissen wählen. Wenn Sie aus individuellen Gründen lieber die Dienste von Google nutzen wollen – bitte schön. Ob Sie alle iCloud-Dienste dann abschalten oder zumindest einige wie den Diebstahlschutz Find my iPhone fortführen, liegt in Ihrer Hand. Auch, ob Sie Microsofts Hotmail-Nachfolger www.outlook.com benutzen möchten.

Per Mail gut angekommen

Leider hat sich im schnellen E-Mail-Verkehr ein Hang zum Schludern eingeschlichen. Fehlende Anreden, unfreundlicher Ton und Tippfehler sind in dieser modernen Kommunikation keine Seltenheit. Aber Sie sind lässlich und oft entwickelt sich aus einer ersten, längeren Mail durch Antworten und Gegenantworten ein lebhaftes, recht schnelles Gespräch. Dann stören Förmlichkeit und Floskeln, dann geht's um den Inhalt, dann muss es vielleicht auch mal schnell sein. Bevor Sie auf der nächsten Seite lernen, mit Ihrem Gerät eine E-Mail zu schreiben, vorab einige Anliegen von „alten Hasen":

▶ **Verzichten Sie** beim „Erstkontakt" keinesfalls auf eine Anrede.

▶ **Bitte lesen Sie Ihre E-Mails** noch einmal gründlich durch, bevor Sie sie absenden, und entfernen Sie etwaige Schreibfehler.

▶ **Schließen Sie Ihre E-Mails** mit einer Abschiedsformel und nicht nur im geschäftlichen Umfeld zusätzlich mit einer Signatur.

▶ **Wenn Sie Dateien** an Ihre E-Mail anhängen wollen, dann seien Sie dabei sehr sorgsam. E-Mails mit zu großen Anhängen erreichen den Empfänger möglicherweise gar nicht oder blockieren dessen Postfach. Fragen Sie lieber vorher. Es kann sein, dass der andere eine viel langsamere Internetanbindung hat als Sie selbst.

▶ **iOS unterstützt Sie zudem** mit MailDrop. Große Anhänge verschiebt das System dabei auf Wunsch automatisch in Ihre iCloud und stattet Ihre Mail mit einem Link aus, wo der Empfänger dann solche Fotos herunterladen kann.

▶ **Leiten Sie nicht bedenkenlos** E-Mails weiter, die Sie erhalten. Achten Sie die Privatsphäre anderer.

▶ **Seien Sie außerdem vorsichtig** mit Ironie. Setzen Sie ab und zu lieber Emoticons, um richtig verstanden zu werden. ;-)

Info

3D-Touch am neuen iPhone: Wir haben schon an einigen Stellen auf die neuen Druckgesten hingewiesen, die zunächst nur mit den iPhone-6s-Modellen möglich sind. Apple nennt dies 3D-Touch, denn in Abgrenzung zu den bisherigen zweidimensionalen Gesten können die brandneuen Geräte auch die „Tiefe" einer Geste, also den Druck auf die Glasoberfläche und damit die Mikrometer-feine Verdichtung des Materials auswerten. Sie können dieses Feature unter *> Home > Einstellungen > Allgemein > Bedienungshilfen > 3D-Touch* ein- und ausschalten.

Hier in der Mail-App ist ein guter Zeitpunkt, dies einmal auszuprobieren:

▶ Starten Sie in der Listenansicht und halten Sie einen Eintrag sanft gedrückt – schon können Sie die Mail mit Test und Anhängen „vorschauen". Die eben erläuterten Wischgesten zum Markieren oder Löschen funktionieren hier auch.

▶ Mit etwas festerem Druck springt die E-Mail genauso auf, als hätten Sie diese – wie für alle älteren Geräte in diesem Kapitel beschrieben – ganz normal geöffnet.

Bewegungsabläufe in Worte zu fassen ist extrem schwierig, darum hält Apple unter www.apple.com/ de/iphone-6s/3d-touch/ einige Filme zur Veranschaulichung bereit. Tatsächlich ist das aber schnell erlernt. Grundsätzlich gilt: Entwickler müssen 3D-Touch gesondert in Ihre Apps einbauen und das wird noch ein bisschen dauern.

Mein erstes Ma(i)l

Bis auf eines wissen Sie jetzt alles – und nun verraten wir auch noch das Letzte: Eine neue E-Mail können Sie in der Mail-App jederzeit beginnen mit Tastendruck auf die Option **> neu anlegen**, dem Piktogramm aus Stift und Block.

1 Geben Sie zunächst den Empfänger in das An-Feld ein, es dürfen auch mehrere sein. Mail bedient sich der Kontakte-Datenbank, „nackte" E-Mail-Adressen können Sie ebenfalls eingeben und mit Komma voneinander trennen.

2 Im Feld beziehungsweise den Feldern darunter können Sie jemandem eine Kopie (CC) oder eine Blindkopie (BCC) der Mail zukommen lassen. Eine Blindkopie heißt, dass unersichtlich ist, wer diese Mail ebenfalls bekommen hat, es ist sozusagen der „Petz-Modus". Im Feld darunter können Sie Ihre E-Mail-Adresse (Account) auswählen, von der Sie die Mail verschicken wollen – falls Sie mehrere haben.

3 Tippen Sie einen aussagekräftigen Begriff oder Satz oben in den Betreff .

4 Im großen Feld darunter können Sie dann Ihren Text tippen oder diktieren. Den Diktatmodus starten Sie über die Mikrofon-Taste neben der Leerzeichen-Taste – das funktioniert übrigens mit Siri-

Technik systemweit. Bereits vorgegeben ist die Signatur (s. o.). Und mit › *Senden* schicken Sie die Post ab.

Kalender: Abschied vom Papier

Digitale Kalender haben ihre Vorteile: Während Sie sonst Geburtstage jedes Jahr neu in den Papierkalender übertragen müssen, stehen sie nun in iPhone und iPad fortlaufend zur Verfügung. Genauso wie bei den Kontakten funktioniert dieser Kalender im Solo-Betrieb an iPhone oder iPad bestens, läuft aber erst in Kombination mit weiteren Geräten, also zum Beispiel einem Mac oder PC, zu Hochtouren auf. Dann wird es egal, wo Sie einen Termin eintragen, denn alle Ihre Geräte haben ihn per iCloud gespeichert. Und nur, damit Sie es schon einmal vernommen haben: Kalender kann man untereinander zur Einsicht und auch zur Bearbeitung freigeben – private Termine mit der Familie, berufliche Termine mit den Kollegen. Einzelne Termine verschicken Sie bequem als standardisierte E-Mail aus der Kalender-App heraus – Ihr Gegenüber muss den Termin also nicht auch eigenhändig in sein Gerät eintragen.

Im Überblick: Der Terminkalender

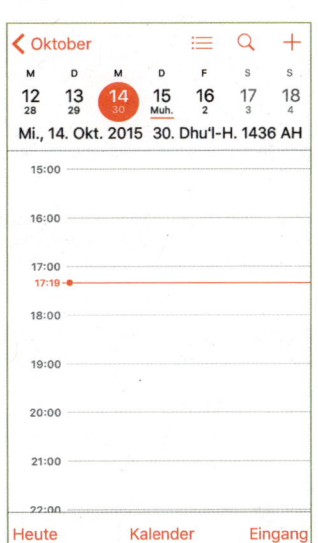

Sie können sich Ihre Termine in verschiedenen Ansichten (Tag, Woche, Monat, Jahr) anschauen. iPhone und iPad unterscheiden sich wieder in der Anzeige, die Bedienung aber bleibt identisch. Den Wechsel erreichen Sie am iPhone clever mit Tippen etwa auf den Monatsnamen oder im Jahreskalendarium auf einen bestimmten Tag. Halten Sie das iPhone quer für eine dynamischen Wochenansicht. Und navigieren Sie mit Wischbewegungen horizontal und vertikal.

▶ **Lupe:** Mit Tipp hierauf suchen Sie nach einem bestimmten Termin, etwa nach allen „Augenarzt"-Terminen.

▶ **+-Taste:** Hier erstellen Sie einen neuen Termin.

▶ **Eingang:** Hier finden Sie jene standardisierten Termin-E-Mails. Bestätigen Sie ggf. die Verabredung.

▶ **Benutzen Sie mehrere Kalender,** können Sie sie einzeln zugunsten einer besseren Übersicht ein- und ausblenden (zum Beispiel Ferientermine oder Kollegen-Kalender).

▶ **Heute:** Ein Tipp darauf und Sie springen zum aktuellen Datum.

Einen Termin eintragen und ändern

Vorab: Je mehr Informationen Sie zu einem Termin eintragen, desto besser funktioniert die digitale Verzahnung mit anderen Apps. Sie müssen das nicht. Aber Sie können das!

Beginnen Sie mit der +-Taste oder legen Sie Ihren Finger auf das (mittlerweile sprichwörtliche) Zeitfenster, woraufhin sich ein neu-

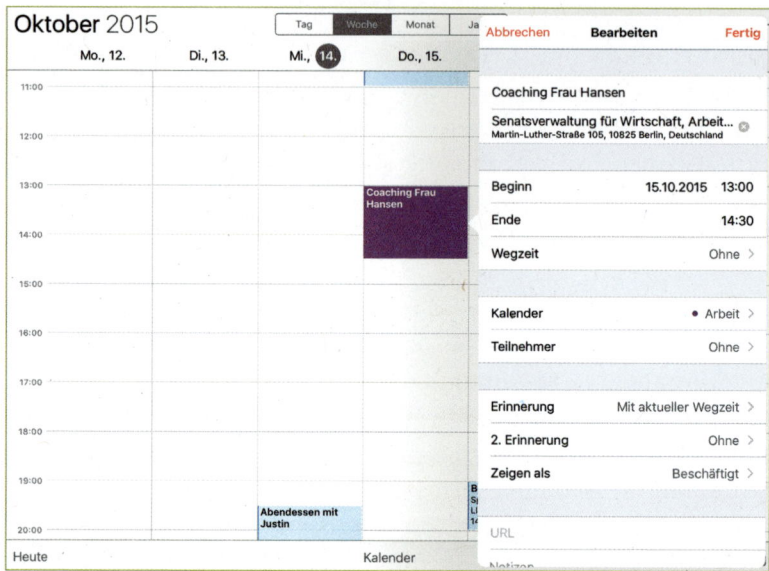

er Dialog öffnet. Je nach Methode sind schon einige Felder vorbereitet. Aber was wollen Sie sich eintragen: eine typische Verabredung zum Nachmittagskaffee um drei? Die Ankunft der für Gärtner so wichtigen Kalten Sophie, die man aber nicht von genau 9–12 Uhr erwarten darf? Die wöchentliche Canasta-Runde? Den Jahresurlaub? Ferien und Feiertage?

→ Daten selbst erschnüffeln

iOS versteht recht gut, in Mail, Safari und anderen Apps Daten wie Termineinladungen, Adressen oder Telefonnummern zu erkennen. Dann sind sie blau hinterlegt. Sie können diese Daten per Fingertipp übernehmen und mit wenigen Befehlen als Termin oder neuen Kontakt anlegen – oder die Nummer einfach anrufen.

Unterscheiden Sie daher „normale" Termine mit wenigen Stunden Dauer, an denen Sie teilnehmen und deswegen für andere Aktivitäten nicht verfügbar sind von ganztägigen Ereignissen wie Eisheilige (Kein Grund, sich nicht etwas anderes vorzunehmen!) oder den Tagen der Sommer-/Winterzeit-Umstellung (immer letzter Sonntag im März und Oktober) – und ob sie sich wiederholen. Ein ganztägiges Ereignis ist auch ein Urlaubstag, der Jahresurlaub im Sommer ein, so versteht es die Maschine, ganztägiges Ereignis über mehrere Tage. Um das Ganze zu komplettieren: Ein wahrscheinlich ausufernder Junggesellenabschied ist ein „normaler Termin", der aber an einem Freitagabend um 10 beginnen kann und erst am Sonntagmorgen um 9 Uhr endet. Kein Grund, den Kirchgang eine Stunde später zu versäumen – jedenfalls nicht in der nüchternen Logik der Maschine.

→ Ferien, Feiern, Fußball

Zwar gibt es auch Apps für diese Zwecke, aber zu Fuß ist es noch einfacher, werbefrei und gratis obendrein. Sie müssen eine .ics-Datei mit den Ferien- oder Fußballterminen im Internet finden und in Ihren Kalender „iCal" importieren. Alternativ können Sie einen Internet-Kalender (gratis) abonnieren bzw. sich mit ihm synchronisieren. Für deutsche Feiertage empfehlen wir aktuell **www.ifeiertage.de**, Schulferien nach Bundesländern lädt man gut bei **www.schulferien-deutschland.net**. Für den Besuch per iPhone sind beide Seiten nicht optimal, da bedarf es Geduld und eines Adlerauges. Nach „Liga Kalender iPhone" können Sie sicher schon selbst googeln – oder Sie müssen noch einige Seiten abwarten.

Die Abbildungen zeigen exemplarisch, wie Sie Termine unterschiedlicher Art anlegen, Geburtstage finden besser in der Kontakt-App ihr Zuhause. Die > *Ortsangabe* sorgt mittlerweile für eine Verzahnung etwa mit Apples Kartendienst, wenn die Daten präzise genug sind. Per > *Wiederholen* schreiben Sie die Canasta-Runde wöchentlich und ohne Ende fort, den wöchentlichen Reha-Sport aber nur bis zum Ende des Kurs-Plans in einem halben Jahr. Andere Personen können Sie per E-Mail > *als Teilnehmer einladen* und ihnen auch die Tipparbeit abnehmen für deren elektronische Agenden. An den Sport wollen Sie sich vielleicht sanft vom Gerät > *erinnern* lassen: einmal einen Tag zuvor (Sporttasche packen!) und das andere Mal eine halbe Stunde vor Beginn (Jetzt muss ich aber wirklich los!). Per > *Kalender* verschieben Sie einen fälschlich beruflich zugeordneten Termin in den privaten Kalender und (nur wirklich relevant, wenn auch andere über Cloud-Dienste in Ihren Kalender schauen) ob Sie der Termin komplett bindet. Jedem Termin können

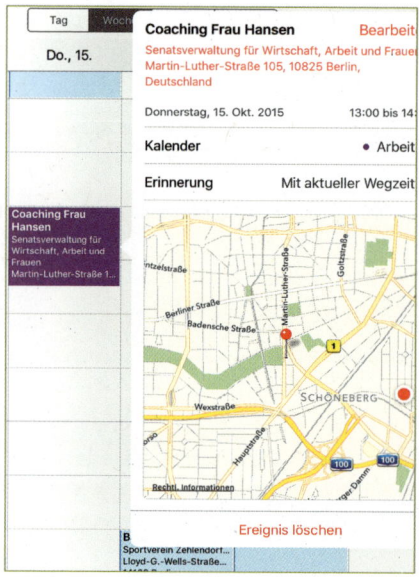

Sie eigene > *Notizen* wie Stichworte aus einer Mail und eine Internetadresse hinterlegen. Sobald ein Termin gespeichert ist, können Sie ihn per Tipp im identischen Fenster ändern und mit der allerletzten Taste im Terminfenster auch > *löschen*. Mit der Konsequenz, dass alle Canasta-Runden-Teilnehmer dies auf Ihren Geräten ebenfalls erfahren.

Kalender im Team freigeben

„Hätte ich gewusst, dass du mit deinem Sohn auch morgen ...“ Dieses ewige Genörgele könnte dank iOS auch der Vergangenheit angehören. Im Team – am einfachsten unter zwei iCloud-Anwendern – können die Mitglieder in die jeweils anderen Kalender schauen und so vorab erkennen, ob eine spontane Idee für den Besuch eines Tournee-Theaters überhaupt umsetzbar ist, bevor man den Familienrat einberuft. Dank iCloud ist das recht sicher vor neugierigen Blicken Außenstehender – und sehr einfach. Im Kalender-Menü am Bildschirmrand können Sie über die i-Taste rechts jeden Kalender für sich nur per Eingabe des Namens oder der E-Mail-Adresse für andere freigeben. Das ist nicht kompliziert, das geht fast von Zauberhand. Im Zweifelsfall hat der andere immer eine automatisierte E-Mail im Posteingang mit Link zum Annehmen der Kalenderfreigabe. Und über denselben Weg kann man kurzerhand den Kalender mit all seinen Terminen aus der gemeinsamen Nutzung wieder herauslösen.

→ Termine mit Siri

Termine können Sie auch von Siri notieren lassen. „Neuer Termin für morgen um halb vier mit Peter Müller wegen Besprechung Quartalszahlen" sorgt sogar für die Information per E-Mail an Herrn Müller, sofern er in der Kontakte-Datenbank gespeichert ist.

Info

Zeitzonen-Hopping: Wenn man Termine über Zeitzonen hinweg vereinbaren will, müssen alle Teilnehmer die Option feste Zeitzone aktivieren, in iOS unter > *Einstellungen > Mail, Kontakte, Kalender*. Gibt man dann Termine ein, trägt man immer die korrekte Zeitzone im Termin-Fenster mit ein (10:00 Uhr in New York oder 10:00 Uhr in Berlin?). Solange man noch in Deutschland ist, trägt ein 10-Uhr-Termin für New York korrekt die Uhrzeit 16:00 Uhr in normalen Ansichten (MEZ). Bleibt man zum Stopover einen Tag in London, trägt derselbe Termin dann korrekt 15:00 Uhr (GMT), und tags drauf am JFK-Airport dann 10:00 Uhr (EST). iOS ermittelt aus GPS-Daten und Mobilfunknetzen die korrekte lokale Uhrzeit zur geografischen Position. Verabredet man sich also zum transkontinentalen Telefongespräch per Termin-Einladung, dann klappt das auf die Minute genau, obwohl alle Teilnehmer unterschiedliche (weil lokale) Uhrzeiten im Kalender stehen haben.

Erinnerungen:
Alles abgehakt

Die Apps Notizen und Kalender haben Sie bereits kennengelernt: Sie können sich flüchtige Gedanken aufschreiben und sich an Termine erinnern lassen. Was also macht die App Erinnerungen? Wir verraten schon einmal: Sie synchronisiert sich auch mit iCloud. Und: Sie können sich nicht nur zeitlich, sondern auch geografisch erinnern lassen.

Nicht verdrängen: verwalten und erledigen

Erinnerungen ist der zentrale Ort, um sich mit seinem iPhone an all das zu erinnern, was eben kein genauer Termin sein muss (aber sein kann). Manches möchte ja auch vor bestimmten Terminen wie dem Weihnachtsfest erledigt werden, peu à peu.

Jede Aufgabe eintragen

Jeder hat seine To-dos, vor denen er sich erfolgreich drückt. Etwa ein durchaus aufschiebbarer Behördenbesuch. „Das nächste Mal, wenn du da an der Ecke bist ...", so nimmt man es sich vor – und hat's dann doch vergessen. Da müsste es doch jemanden geben, der einem an der Ampel auf die Schulter tippt und sagt: „Guck mal, du bist nur eine Straßenecke vom Amt entfernt – geh doch jetzt mal hin!"

So beginnen Sie: Tippen Sie eine leere Zeile an, geben Sie den Text zur Aufgabe ein (Reisepass erneuern). So weit, so einfach. Ist die Aufgabe erledigt, können Sie sie durch einen Tipp auf das Markierungsfeld links vom Text *> als erledigt markieren*. Dann verschwindet sie bald. Oder mit Wisch nach links *> zum Löschen vorbereiten*. Zum *> Bearbeiten eines Eintrags* tippen Sie ihn einfach an und können weitere Details (über die blaue i-Taste) ergänzen:

▶ **Ein zeitbezogenes** Erinnerungssignal („tagesabhängig"), zu dem das Gerät von sich aus per Bildschirmmeldung, Warnton und Vibration erinnert

▶ **Ein positionsbezogenes** Erinnerungssignal („ortsabhängig")

▶ **Eine Priorität,** damit Wichtiges im Blickfeld bleibt, und

▶ **Eine Notiz jedweder Art,** meistens ein paar weitere Stichworte oder ein kopierter Internet-Link.

Vielleicht nehmen Sie sich ja vor, Ihre Reisedokumente zu erneuern und wollen drei Monate vor dem Ablaufdatum alarmiert werden. Spätestens. Aber auch in der Nähe des Bürgeramts sind Sie

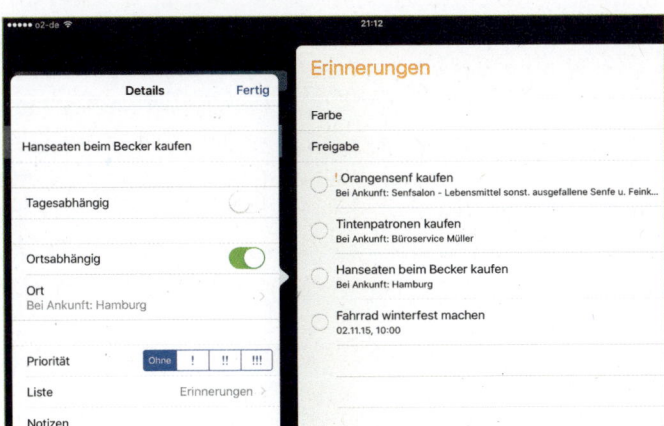

häufiger und stecken den Pass vorsichtshalber schon einmal in die Handtasche – ein Anfang ist gemacht.

Jetzt hexen Sie sich das freundliche Schulterklopfen herbei: Aktivieren Sie die ortsabhängige Erinnerung und geben Sie daraufhin einen Suchbegriff ein: „Rathaus Käseburg" oder „Amt Liebernich" – am besten aber den Namen einer Person oder Firma, die bereits in Ihrem Adressbuch mit Straßenadresse gespeichert ist. Andere Suchergebnisse beschafft sich die App aus Apples Kartendienst (POI, Lesezeichen) und natürlich per Satellit: Auch Ihren aktuellen Ort können Sie als Ausgangpunkt speichern.

Bleibt die Frage: Wollen Sie beim Betreten des Ortes angebimmelt werden – oder soll das iPhone Alarm geben, wenn Sie den Ort verlassen? Ein feiner Unterschied: zur Personalabteilung gleich beim Betreten der Firma, Bier besorgen erst nach dem Verlassen der Firma.

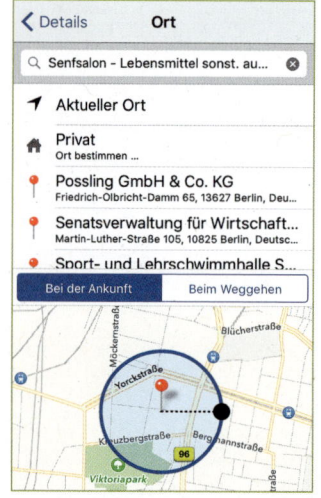

Maßgeblich ist auch der Durchmesser des sogenannten Geo Fence, des virtuellen Zaunes. Möchten Sie den Hinweis, sobald Sie in der Nähe des bewusst groß gewählten Zielgebiets sind oder erst als allerletzte Erinnerung, bevor Sie ein Geschäft oder eine Ladenzeile verlassen? Den Durchmesser des Zaunes können Sie Ihren Wünschen entsprechend mit Kneifbewegungen an den Anfassern anpassen.

iOS ermittelt nicht ständig Ihren Aufenthaltsort, dieser GPS-Dauerbetrieb würde zu viel Akkustrom schlucken. Darum kann in der Praxis die Erinnerung eventuell doch zu spät erfolgen.

→ Erinnerungen mit Siri

Einfache Erinnerungen kann Siri für Sie notieren, etwa „Erinnere mich morgen an ..." oder „Erinnere mich nächsten Dienstagnachmittag an: Torte kaufen". Manchmal klappt sogar ein „Erinnere mich an Mama anrufen, wenn ich die Firma verlasse".

Safari:
Smarter surfen im Internet

Um ins Internet zu gelangen, benötigen Sie am Computer ein bestimmtes Programm und am iPhone oder iPad eine bestimmte App, die Browser (engl.: to browse = herumstöbern) genannt wird. Bekannte Browser auf dem heimischen PC sind Google Chrome, Mozilla Firefox, Microsoft Internet Explorer und Opera. Apples eigener Browser heißt Safari und ist auf jedem iOS-Gerät installiert. Die Browser von Google und Opera sowie einige kleine Perlen freier Entwickler stehen im App Store bereit, auf Firefox wartet man noch immer.

Ihren ersten Ausflug ins Netz haben Sie ja schon unternommen, die Bedienelemente von Safari sind Ihnen inzwischen gut bekannt. Oder sind die Unterschiede zum Browser auf Ihrem PC doch sehr deutlich? Safari auf dem iPad sieht fast so aus wie jeder moderne Browser am Computer, aber beim iPhone kann es sein, dass die Darstellung abweicht – denn das Display ist kleiner. Das bedeutet eine geringere Übersicht über die Menüpunkte und dies wiederum führt in einigen Fällen zu etwas längeren Wegen bei Bedienung und Menüführung.

Sie können bereits:

▶ **Eine neue** und leere Webseite aufrufen
▶ **Eine URL,** also die Adresse einer Internetseite, eingeben
▶ **Auf einer Seite navigieren** und Links folgen
▶ **Die Ansicht einer Seite** vergrößern und verkleinern
▶ **Das Gerät quer** halten für eine andere Webseiten-Ansicht
▶ **Wichtige Seiten speichern** (als Lesezeichen auf dem Home-Screen anlegen)
▶ **Webseiten schließen**

Was darf es denn noch sein? Natürlich: „googeln" – also mit einem oder mehreren Begriffen oder einem ganzen (Frage-)Satz eine Suchmaschine füttern und über deren Ergebnisse mehr oder weniger passgenaue Internetseiten finden. Hierfür ist ebenfalls die Adresszeile zuständig, denn wenn iOS dort keine eingetippte URL findet, sondern „bloß" ein paar Worte, dann schaltet Safari in den Suchmodus, gibt die Wortkette an www.google.com weiter und liefert deren Ergebnisse. Das macht iOS sogar schon „vorab": Bereits nach den ersten Buchstaben liefert Safari einige Vorschläge, die Sie mit einem Tipp annehmen können. Ebenso erhalten Sie (solange keine Leerzeichen im Spiel sind) vorgeschlagene Webseiten, müssen also nicht unbedingt eine wohlbekannte URL bis zum Ende abtippen. Wenn Sie aber ein außergewöhnliches Ziel haben, lassen Sie sich nicht zu früh von den Vorschlägen beeinflussen, sondern setzen Sie mit weiteren Begriffen eigene Akzente. In der Trefferliste finden Sie anschließend oft auch Werbung, überfliegen Sie bitte mit wachem Auge die Treffer, bis Sie – möglicherweise erst auf einer Folgeseite – das gewünschte Ergebnis finden und per Tipp ansteuern können. Wenn Sie Google nicht mögen, dann können Sie andere Suchmaschinen via *> Einstellungen > Safari* festlegen.

Im Überblick: Ihr Fenster zur Welt

▶ **Adresszeile und intelligentes Suchfeld:** Hier geben Sie entweder eine URL oder einen bzw. mehrere Suchbegriffe ein. Das iPhone blendet diese Zeile beim Wischen (Scrollen) aus, mit einem fast beliebigen Tipp blenden Sie die URL und weitere Bedienelemente schrittweise wieder ein.

▶ **Links davon:** Mit einem vierzeiligen Symbol die Taste Reader – dazu gleich mehr (siehe „Ohne Schnickschnack ...", S. 110).

▶ **Aktualisieren-Taste (Reload) rechts der Adresszeile:** Falls eine Internetseite fehlerhaft geladen wurde oder veraltet vorliegt, können Sie die Daten über diese Funktion noch einmal frisch laden.

▶ **Zurück- und Vorwärtstaste:** An iPhone unten und iPad oben. Sie können immer wieder zurück auf die vorangegangene Seite springen, vorwärts aber nur, wenn Sie mindestens einmal zurückgeschritten sind. Logisch, oder? Durch Halten dieser Tasten können Sie sich diesen Weg im Verlauf Station für Station anschauen und gezielter navigieren.

▶ **Freigabe -Taste:** Damit können Sie einen Link zu dieser Seite Freunden und Kollegen reichen, etwa per iMessage/SMS, per Mail oder auf den sozialen Netzwerken teilen. Bitte spielen Sie dies einmal durch. Für sich selbst behalten können Sie die Seite als Lesezeichen in Form einer URL, als PDF für die iBooks-App oder komplett gespeichert und als Element für die Leseliste über Gerätegrenzen synchronisiert, damit Sie auch ohne Internetanbindung im Flugmodus etwa Zugriff auf den Inhalt haben. Wenn Ihnen diese Konzepte noch nicht vertraut sind, hilft ein Blick in die elektronische Bedienungsanleitung.

▶ **Nach einem Buch aussehende Taste:** Gewährt Ihnen den Zugriff auf Lesezeichen und Leseliste.

▶ **Wolke:** Zeigt Ihnen dank iCloud-Synchronisierung Ihre auf anderen Geräten offenen Seiten. Das kann ein anderes iOS-Gerät oder ein Mac sein, an dem Sie zu Hause etwas angefangen haben zu lesen, aber gestört wurden. Deshalb muss Ihnen in der U-Bahn jetzt nicht langweilig sein, Sie lesen im Untergrund zu Ende. Am iPhone verstecken sich die iCloud-Tabs hinter der +-Taste: Am Listenende finden Sie die entsprechenden Einträge.

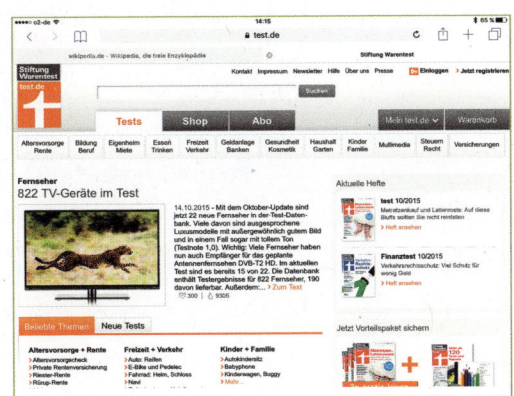

▶ **Einen privaten Modus** können Sie aktivieren, sobald Sie eine neue Seite aufrufen, die Taste finden Sie rechts unten. Dieser private Modus lässt andere Webseiten keine vorhandenen Cookies und andere Daten zur Wiedererkennung (Passwörter) mehr auslesen und auch nicht neu auf das Gerät setzen. Er ist also nützlich, wenn fremde Personen vorübergehend an iPhone und iPad surfen dürfen oder man sich zeitweise als jemand anders bei Google, Amazon oder sonst wem zeigen will. Wollen Sie festlegen, dass eine Person ausschließlich Safari nutzen kann, also auf das Surfen beschränkt wird, aktivieren Sie in *> Einstellungen > Allgemein > Bedienungshilfen > den Geführten Zugriff*. Praktisch ist dann der Dreifachklick mit der Home-Taste.

Ohne Schnickschnack: Der Safari Reader

Sie surfen regelmäßig eine Nachrichtenseite an wie die Ihrer Lokalzeitung oder auch www.spiegel.de. Aber Ihnen missfällt die Gestaltung, die Schrift ist schlecht leserlich, hat geringen Kontrast – Gift für müde Augen. Ist diese Webseite sauber in XML programmiert (ältere oder selbst gebastelte Webseiten sind das oft nicht), kann Safari die relevanten Texte und Bilder isolieren und in einer speziellen Ansicht anzeigen: Das ist die Reader-Funktion, die Sie links in der Adressleiste dann wahlweise ein- und ausschalten können. Dank der kleinen Hausaufgabe vom letzten Kapitelende haben Sie bereits die für sich günstige Schriftgröße systemweit eingestellt und eventuell wie wir die Fettschrift aktiviert (*> Einstellungen > Allgemein > Bedienungshilfen*).

So auf das Wesentliche beschränkt (und ohne Werbung), ist Internetsurfen angenehm sachlich. Zur Erinnerung: Durch das Querformat an iPhone und iPad wird die Schrift noch deutlicher (zulasten der Darstellungsmenge), das ersetzt in manchen Situationen die Lesebrille. Auch Wikipedia sieht im Reader-Modus prima aus.

→ Viel einzustellen unter der Haube

Die Standard-Einstellungen von Safari sind einigen um ihre Privatsphäre bemühten Anwendern zu lasch. Tipps zu einigen Änderungen geben wir im Glossar unter dem Stichwort Safari.

Karten: Woher, wohin?

Die unter dem simplen Namen Karten mitgelieferte App ist mittlerweile ein sprechendes und umfängliches Navigationssystem. Aber sie hat auch einen Nachteil – und der macht sich im Ausland bemerkbar, da man für die Karten- und Routennutzung immer eine Datenverbindung braucht, die im Ausland teuer werden kann. Aber im Heimatland und je nach Mobilfunktarif in der ganzen EU kann einem diese App eine große Orientierungshilfe sein. Hier zeigt sich die Stärke der iOS-Geräte mit Mobilfunkmodem: Nur sie haben das GPS-Modul für die satellitengestützte Ortung und peilen auch die Masten der Mobilfunker an. Wenn Sie Google Maps vom PC her kennen, werden Sie sich mit der Karten-App sicher rasch zurechtfinden.

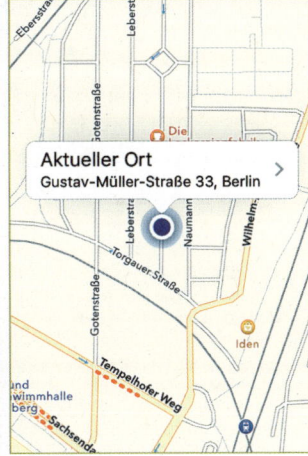

Die wichtigsten Elemente der App sind die Kompassnadel links unten und das Suchfeld oben. Ein Tippen auf die Nadel und Sie wissen, wo Sie sind. Noch ein Antippen und Sie sehen sogar die Richtung, in die Sie sich fortbewegen. Sie können im Suchfeld nicht nur eine Adresse eingeben, sondern auch Begriffe wie „Apotheke" oder „Bahnhof Flensburg". Wollen Sie einen Freund in einer Ihnen fremden Umgebung besuchen, genügt die Eingabe des Namens in das Suchfeld – natürlich nur, falls seine Adresse auch unter Ihren Kontakten gespeichert vorliegt. Zugriff auf das Adressbuch haben Sie über das Suchfeld, dort finden Sie auch Ihre letzten Suchen und eigene Favoriten, zum Beispiel die Geo-Position des unglaublich ertragreichen Brombeerbusches gut versteckt am Waldrand.

Bei der ersten Verwendung fragt Sie Ihr Gerät, ob die Karten-App Ihren Standort verwenden darf. Das ist natürlich sinnvoll. Die nächste Frage nach „Karten verbessern" ist da schon heikler: iOS möchte von Ihnen besuchte Orte aufzeichnen – und merkt sich häufig besuchte Orte wie Ihre Wohnadresse, die Arbeitsstelle oder das Sportstudio. Das macht das Vergeben von Orten in den Apps Erinnerungen oder Kalender für Sie einfacher, auch die „Heute"-Ansicht in der Mitteilungszentrale profitiert davon etwa mit Hinweisen zur Verkehrslage zum Feierabend auf Ihrem Heimweg. Es ist Geschmackssache und lässt sich in den Datenschutz-Einstellungen deaktivieren.

Info

Die App „Freunde": Diese App ist vorinstalliert. Ob nun jugendliche Clique auf dem Open Air, Vater und Sohn beim Liga-Fußball oder älteres Ehepaar auf Reisen – für jeden kann es nützlich sein, die Position des anderen (bzw. des anderen Geräts) zu kennen. Apples App „Freunde" ermöglicht genau das – im gegenseitigen Einvernehmen, denn man muss sich gegenseitig über iCloud einladen. Jederzeit kann man aus der Eigenortung durch „Freunde" aussteigen und später wieder neu beginnen.

In der Karten-App bewegen

1 Beim ersten Aufruf startet die App mit einer Deutschlandkarte. Bewegen Sie den Ausschnitt mit langsamer Wischgeste zum Beispiel nach Spanien oder Dänemark.

2 Verkleinern und vergrößern Sie den Maßstab mit den beiden Zoomgesten des Spreizens und Kneifens.

3 Ändern Sie das Anzeigeformat und kippen Sie das Gerät.

4 Drehen Sie die Karte: Diese neue Geste mit Daumen und Zeigefinger stellt die Welt auf den Kopf! Norden Sie die Karte wieder ein mit einem Tipp auf den Kompass oben rechts.

5 Tippen Sie auf die Taste der Kompassnadel (unten links) und Sie „fliegen" an den Ort, an dem Sie sich gerade aufhalten – vorausgesetzt die Ortung klappt. Sollten Sie sich wundern, dass das mit einem iOS-Gerät ohne GPS funktioniert: iOS wertet auch die drahtlosen Netze (WLAN) in Ihrer Nachbarschaft aus und vergleicht deren Adressen mit einer Geo-Datenbank. Klappt in größeren Städten erstaunlich gut.

6 Ein Doppeltippen auf die Kompassnadel und der Karteninhalt wechselt von „eingenordet" in Ihre Sichtperspektive. Zugleich zeigt der Minikompass oben rechts die korrekte Himmelsrichtung.

7 Halten Sie einen Punkt auf der Karte – damit setzen Sie eine Stecknadel – und es öffnet sich ein Kontextmenü: Über die Dreieckstaste erhalten Sie Zugriff auf weitere Befehle und Informationen.

8 Diese Informationen sind meistens Straßenadressen, können aber auch Point Of Interest (POI) sein, Ihr Lieblingskaufhaus etwa. Dann erhalten Sie neben der Adresse auch weitere Informationen, Bewertungen aus der Internetgemeinde etwa oder passende Telefonnummern. Das ist oft ein Glücksfall, denn so sparen Sie sich das Abtippen solcher Daten und können diese Angaben *> Zu Kontakten* der persönlichen Datenbank hinzufügen. Für den Brombeerbusch ohne Postkasten vor der Tür reicht das Speichern als *> Favorit*.

9 Diese Ortsmarke (sie wird als Stecknadel auf der Karte angezeigt, wenn es nicht Ihre eigene Position ist) können Sie mittels Freigabe-Taste senden, etwa per E-Mail. Auch der per GPS ermittelte eigene Standort kann das sein: auf dem Bierfest, in der fremden großen

Stadt oder auch der Ort des Treffpunkts mit Freunden. Mittlerweile können Sie dies aber auch direkt aus der App Nachrichten (siehe „Mail ...", S. 87). Speichern Sie so z. B. die Position Ihres Autos beim Shoppen in einer fremden Stadt als Erinnerung, verbunden mit der Laufzeit des Parkscheins.

10 Mit der Option > *Fehler melden* können Sie aktiv Fehler verbessern.

11 Kehren Sie in die Kartenansicht zurück (am iPad mit einem Tippen auf die Karte).

Info

Google Maps und Telenav Scout: Anwender von Google Maps können sich die gleichnamige App kostenlos laden und so bereits vorhandene Sammlungen von Orten ganz einfach weiternutzen, indem Sie sich mit Ihrem Google-Konto anmelden. Die App Scout greift stattdessen auf OpenStreet Map zurück, eine Art Wikipedia-Mitmach-Karte mit teils erstaunlich hoher Qualität, insbesondere bei Rad- und Wanderwegen. Diese Karten werden auf Ihrem Gerät „offline" gespeichert (gegen sehr kleines Geld als In-App-Kauf), die Navigation verbraucht dann also kein Datenvolumen im Urlaub. Vor Reiseantritt sollten Sie überprüfen, ob Scout alle gewünschten Karten auch geladen hat.

Mehr Info: Verschiedene Ansichten nutzen

Die Karten-App hat mehr als nur zweidimensionale Karten zu bieten. Möglicherweise stehen diese Optionen in Ihrem Kartenausschnitt nicht zur Verfügung, machen Sie dafür einen virtuellen Besuch in der nächsten Großstadt.

1 Legen Sie zwei Finger auf das Display und schieben Sie sie etwas nach oben: Die Karte kippt perspektivisch nach hinten und ab ei-

ner gewissen Zoomstufe wachsen die Konturen der Gebäude in den Himmel.

2 Drehen Sie die Ansicht mit Daumen und Zeigefinger wie geübt in eine andere Himmelsrichtung.

3 Hinter der *> i-Taste* unten rechts verbergen sich
weitere Befehle. Blenden Sie zum Beispiel die aktuelle
> Verkehrslage ein und ändern Sie die Kartenansicht
jetzt auf *> Satellit*.

4 Tatsächlich ist diese sogenannte Fly-over-Ansicht
mehr eine Vogelperspektive als das klassische Satelli-
tenbild.

5 Für die klassische Draufsicht legen Sie wieder beide
Finger auf das Display und wischen nach unten.

Sag mir, wo es längs geht

Natürlich kann die Karten-App auch Routen berechnen.

1 Wechseln Sie in den Modus für *> Routen* über die Taste oben
links.

2 Sie können die Route zum *> Fahren* per Auto, *> zu Fuß* oder (in
der Region Berlin) per *> ÖPNV*, also für Bus und Bahn berechnen
lassen. Wo ÖPNV-Daten verfügbar sind, zeigt Apples Karten-App
sehr präzise Umsteigewege und Bahnhofszugänge an. Außerhalb
der Hauptstadt und für den Fernverkehr ist die App DB Navigator
unser Tipp (siehe „Standard-Apps …", S. 122).

3 Geben Sie Start- und Endpunkt Ihrer Route an, indem Sie auf
das Suchfeld tippen, eingetragene Feldwerte können per Tippen
auf den „x"-Taster gelöscht werden. Der „aktuelle Ort" sind Ihre
GPS-Koordinaten.

4 Tauschen Sie für die Rückfahrt Start- und Endpunkt mit einem
Tipp auf das Wechseln-Symbol daneben oder

5 Wählen Sie aus dem Verlauf eine Ihrer früheren Routen.

6 Mit Tippen auf *> Route* starten Sie die Berechnung auf Apples
Karten-Server und bekommen meist mehrere Vorschläge.

7. Wählen Sie eine der Routen durch Antippen aus, erhalten Sie weitere Informationen zu Streckenlänge und Dauer.

8 Mit > *Start* beginnt die geführte Tour Schritt für Schritt.

9 War Ihr Startort Ihr aktueller Aufenthaltsort, beginnt stattdessen die > *Turn-by-Turn-Navigation*. Per Ortung ermittelt iOS ständig die genaue Position und gibt sowohl auf dem Display als auch akustisch Abbiegehinweise. Das geht allerdings ordentlich auf den Akku. Für den Betrieb im eigenen Auto ist daher eine Halterung mit Stromversorgung fast unerlässlich.

→ Navigieren mit Siri

Sparen Sie sich im Alltag das händische Einprogrammieren, indem Sie Siri einfach sagen: „Bringe mich zu meiner nächsten Verabredung" (Voraussetzung ist, dass der Termin einen hinterlegten Ort hat), „Zeige mir den Weg zum Olympiastadion" oder „Wie komme ich zu Fuß zum Bahnhof Nordkreuz?" Wenn Siri unsicher ist, fragt sie nach – und Sie können die Route konkretisieren.

Info

Apps für fremde Städte: Sie suchen in einer fremden Stadt einen Geldautomaten? Einen Tierarzt? Ein vegetarisches Restaurant? Die App-Reihe „Wohin?" (OnDemandWorld) zeigt in mehreren Gratis-Apps entsprechende Treffer auf der Karte an sowie Details wie Telefonnummer oder Bewertungen anderer User. Praktisch ist die Übernahme von Kontaktdaten in das eigene Adressbuch.
Für dringende Geschäfte ist der kostenlose „WC-Finder" ein praktischer Wegweiser.

Kleine Helfer:
Stets zu Diensten

Beim iPhone und iPad gibt es noch eine Reihe hilfreicher und nützlicher Zusatz-Apps. Das iPhone hat dabei eine etwas bessere Aus-
stattung.

Doch zunächst: das Wetter

Die iPhone-Wetter-App ist ein Augenschmaus, selbst
wenn das Wetter irgendwo auf der Welt schlecht ist.
Wenn sie es darf, dann zeigt sie immer das aktuelle
Wetter Ihres jeweiligen Standortes und einige Städte
als Vorschläge. Bearbeiten Sie die Liste mit Tipp auf das
korrespondierende Icon unten rechts.
Fügen Sie Städte (wie Tönning oder Palma) hinzu (nicht
Eiderstedt oder Mallorca), dafür langt oft eine Postleitzahl oder der IATA-Flughafen-Code. Andere Einträge
können Sie mit Wisch nach links zum Löschen anmelden und, indem Sie einen Eintrag halten, können Sie
ihn am Finger klebend an eine andere Stelle bugsieren.
In dieser Listenansicht ist die Wetter-App sogar ein wenig Weltzeituhr.
Haben Sie die Detailseite zu einer Stadt aufgerufen, dann sehen Sie
die aktuelle Wetterlage. Die stundengenaue Vorhersage für den laufenden Tag läuft ihrerseits von links nach rechts, darunter der
Trend für die kommenden Tage und am Ende noch Profi-Daten wie
Luftfeuchte, -druck und Sichtweite.

Uhr: Wecker, Stoppuhr, Timer, Weltzeit

Die Weltuhr bietet Ihnen Uhrzeiten aus verschiedenen Zeitzonen
an und – als kleiner Trost für die sonst Wetter-losen iPad-Besitzer –

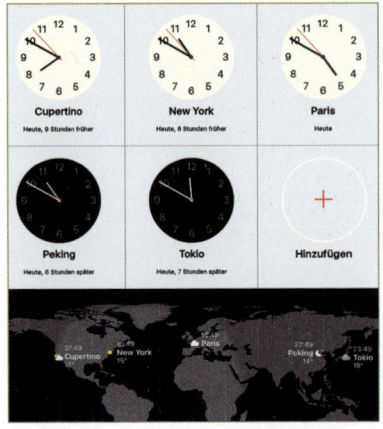

das Wetter an jenen Orten. Natürlich werden Sie sich selbst einen Wecker stellen („Siri, wecke mich morgen um viertel vor sieben") und die Eieruhr aufziehen können („Countdown fünf Minuten"), den sportlichen Nachwuchs sogar mit Rundenzeiten beglücken. Aber die zwei Beispiele, die wir jetzt präsentieren, die sind schon pfiffig.

Die Pille gegen das Vergessen

Ihr Kinderarzt meint, die jüngste Tochter braucht nun doch eine Antibiose – und da sind die Einnahmeintervalle streng einzuhalten. Lassen Sie sich dezent unterstützen:

1 Wechseln Sie innerhalb der Uhr-App zu > *Wecker*.

2 Fügen Sie mit der > *+-Taste* einen neuen Wecker hinzu.

3 Stellen Sie ihn auf die > *richtige Uhrzeit*. Falls Sie mehrmals am Tag erinnert werden wollen, stellen Sie im Anschluss an den ersten weitere vergleichbare Wecker.

4 Aktivieren Sie die > *Wiederholung* für jeden Wochentag.

5 Ändern Sie die > *Beschreibung* sinnvoll (z. B. Tablettopharm 500 für Tina).

6 Als > *Ton* können Sie jeden aufdringlichen oder unaufdringlichen Ton auswählen – oder am Listenende mit der Taste > *Keine* bloß eine diskrete Bildschirmmeldung erhalten, je nach Systemeinstellung mit Vibration.

7 Mit > *Schlummern* schalten Sie die Möglichkeit ein, dass das Gerät nach einem ersten Alarm-Stopp 10 Minuten später erneut ein Signal abgeben kann.

Bitte achten Sie bei der Auswahl für den grässlichen Montagmorgen-Wecker auf einen Weckton, der Sie zuverlässig aus dem Schlaf holt. Die Lautstärke des Weckers ist gekoppelt an die Systemlautstärke für Klingel- und Hinweistöne, überprüfen Sie also zur Nachtruhe über die Lautstärke-Tasten (oder *> Einstel-lungen > Töne*), ob das Signal laut genug sein wird. Schalten Sie das Gerät nicht komplett aus, sondern aktivieren Sie stattdessen die Einstel-lung *> Nicht stören* oder den *> Flugmodus*. Das geht auch im Kontrollzentrum oder auf Zuruf per Siri.

Das Programm zum Einschlafen

Im übernächsten Kapitel lernen Sie die vielfälti-gen Möglichkeiten von iPhone und iPad bei der Mediendarstellung kennen (siehe „Genießen und gestalten", S. 147). Schlafen Sie gern mit Musik oder Fernsehen ein, finden Sie hier in der Uhr-App einen system-weiten Einschlaf-Timer, den Sie immer auch über das Kontrollzen-trum einstellen können.

1 Wechseln Sie in der Uhr-App zu Timer.

2 Tragen Sie die gewünschte *> Countdown-Länge* ein. Fürs Früh-stücksei vier Minuten, für eine Hörspielfolge etwa 30 Minuten.

3 Wählen Sie einen Signalton aus oder – als Einschlaf-Timer – am Listenende *> Wiedergabe stoppen*.

4 Und zur eingestellten Zeit passiert dann genau das: Ton oder Wiedergabestopp.

Hilfe, der Wecker klingelt

1 Alarm! Schlaftrunken Taste drücken.

2 Irgendeine, es ist völlig egal!

3 Nach zehn Minuten bimmelt es wieder los (sofern Sie beim Ein-stellen den Schlummern-Schalter nicht blind gestellt haben).

4 Jetzt aber raus aus den Federn und das Display entriegeln. Da-mit bleibt der frühe Vogel für heute zumindest stumm. Werden Sie vor dem Wecker wach, schalten Sie die Weckzeit in der iOS-Uhr per Schieberegler aus oder sagen es Siri.

Gesundheit – Apple nennt es Health

Nur iPhone-Anwender kommen in den Genuss von Apples neuer Idee für Fitness und Gesundheit. Die Health-App sammelt Daten von Zusatzgeräten wie einem Bluetooth-Herzfrequenzgurt oder dem Trainingscomputer vom Rennrad, aber auch von eigenen Sensoren (Schrittzahl), stellt sie optisch dar und kann nach Wunsch des Anwenders diese Daten an autorisierte Apps oder Geräte (beim Arzt) weitergeben. Das ist – noch – Zukunftsmusik, aber mit Health, ihrem Unterbau Healthkit und der Apple Watch hat diese Zukunft im Jahr 2015 begonnen. Auch die manuelle Erfassung von Daten ist möglich. Heute bereits können Sie Health als Notfallpass nutzen und Daten hinterlegen, die im *> Sperrbildschirm > ohne Code-Eingabe > Notfall > Notfallpass* von jedem eingesehen werden können. Chronisch Kranke hinterlegen dort etwa ihre Dauermedikation, Allergiker nennen dort kritische Substanzen und für den schlimmen Notfall speichert man dort am besten Namen und Telefonnummer eines engen Angehörigen und die Bereitschaft zu einer Organspende ab.

Mitgeschnitten: Die Sprachmemos-App

„Mama" und „Papa" sind die ersten Worte eines Babys – und danach, so ist es im Bekanntenkreis passiert, kommt dann auch schon „iPad". Zum Beweis haben die jungen Eltern das auf dem iPhone mitgeschnitten.

Eine Sprachaufzeichnung machen

1 Öffnen Sie die App *> Sprachmemo*.
2 Tippen Sie den *> roten Aufnahmeknopf* an, der sich während dieses Vorgangs in die Stopp-Taste verwandelt.
3 Zeichnen Sie nun über das Mikrofon Geräusche und Gespräche auf. *> Start* und Stopp und Start und *> Stopp*.
4 Zum *> Beenden* der gesamten Aufnahme drücken Sie auf *> Fertig* rechter Hand.

5 Die Audio-Wellenform verschwindet wieder zugunsten der Liste mit den Aufzeichnungen.

6 Von der Liste aus können Sie Aufnahmen umbenennen, anhören, versenden, löschen oder bearbeiten.

7 Im Bearbeiten-Modus können Sie die Datei zuschneiden, also vorn und hinten um unerwünschte Geräusche befreien. Dazu tippen Sie auf das komisch quadratische Beschnitt-Werkzeug. Hier können Sie die roten Marken setzen, probehören und schließlich abbrechen oder kürzen.

Rechner, Kompass, Aktien und Wallet

Auf dem iPhone finden Sie auch einen Aktien-Ticker, einen elektronischen Kompass mit Wasserwaage und den Taschenrechner. Im Querformat wechselt er in die wissenschaftliche Ansicht mit weiteren Funktionen.

Wallet soll die digitale Brieftasche für Fahrscheine, Kinotickets, Bordkarten oder den neuen Bezahldienst „Apple Pay" werden, noch nutzen aber bislang überwiegend amerikanische Anbieter und große Fluglinien wie die Lufthansa diese praktische App.

Pages, Numbers, Keynote: Office obendrauf

Käufern eines Neugeräts liefert Apple die Textverarbeitung Pages, die Kalkulationssoftware Numbers und das Präsentationsprogramm Keynote an angemeldete Kunden nachträglich per App Store aus.

Die drei Titel kosten sonst zusammen bummelige 30 Euro im App Store. Das ist Apples Bürosoftware, die es auch in Mac-Versionen gibt. Das Gute: Wenn es nötig ist, können die drei auch Word, Excel und PowerPoint – so einigermaßen jedenfalls.

Hinweise und Anleitungen sind zu finden unter www.apple.com/de/support/ios sowie in den Apps selbst.

DB Navigator und Handy-Ticket

Keine Standard-App unter iOS, aber ein „must have" – also eine App, die Sie einfach haben sollten, weil sie Ihr Leben so sehr erleichtern wird.

Viele Menschen fahren gar nicht mehr gerne Auto, egal ob es am rücksichtslosen Verkehr, zunehmender Nachtblindheit oder dem ökologischem Gewissen liegt. Die Bahn wäre schon reizvoll, wenn da nicht das manchmal mühselige Warten im Reisezentrum oder der gemeine Fahrkartenautomat wäre. Die Bahn-App DB Navigator mit ihren Schwester-Apps macht Sie davon unabhängig.

Günstig ist in jedem Fall ein Benutzerkonto bei der Bahn. Wenn Sie noch keines haben, legen Sie sich bitte ein Konto an unter www. bahn.de, im Bereich „Meine Bahn & Login".

Hinterlegen Sie dort – geschützt durch Benutzernamen (etwa Ihre E-Mail-Adresse) und ein gutes Kennwort – auch Ihre Zahlungsinformationen zum Lastschrifteinzug und gegebenenfalls Ihre Bahn-Card-Nummer in den Ticket-Einstellungen. Aktivieren Sie auch Ihr iPhone oder ein anderes MMS-fähiges Handy unter Ihrer Mobilrufnummer für das praktische und papierlose Handy-Ticket. Mit iPad oder Computer ist das alles jetzt in einigen Minuten erledigt – und in Zukunft sparen Sie viel Zeit.

Die App DB-Navigator auf dem iPhone

Die App ist kostenlos. Suchen Sie den DB-Navigator im App Store, laden Sie ihn herunter und installieren Sie ihn. Die geladene App öffnen Sie und können am iPhone nach wenigen Sekunden unter *> Mehr > Einstellungen* ihr Benutzerkonto hinterlegen. Schon sind Sie in der Lage, mit dem iPhone Tickets zu kaufen.

DB-Navigator auf dem iPad

Für das iPad bietet die Bahn eine andere App-Version an ohne Handy-Ticket-Funktion – denn das iPad kann keine MMS empfangen. Trotzdem können Sie am iPad Ihren Trip komplett buchen und entweder als Online-Ticket per AirPrint ausdrucken, als Handy-Ticket an ein MMS-fähiges Gerät übergeben oder an die iPhone-App. Kehren Sie zurück zu *> Reiseauskunft*.

Unterwegs mit der App

Fangen Sie doch einmal so an, dass Sie einen Testlauf starten, bei dem Sie morgens gegen 11 Uhr von Ihrem aktuellen Ort „abfahren", zu einer entfernt in Deutschland lebenden Freundin. In unserem Beispiel wollen wir zügig Berlin in Richtung Ostsee verlassen mit

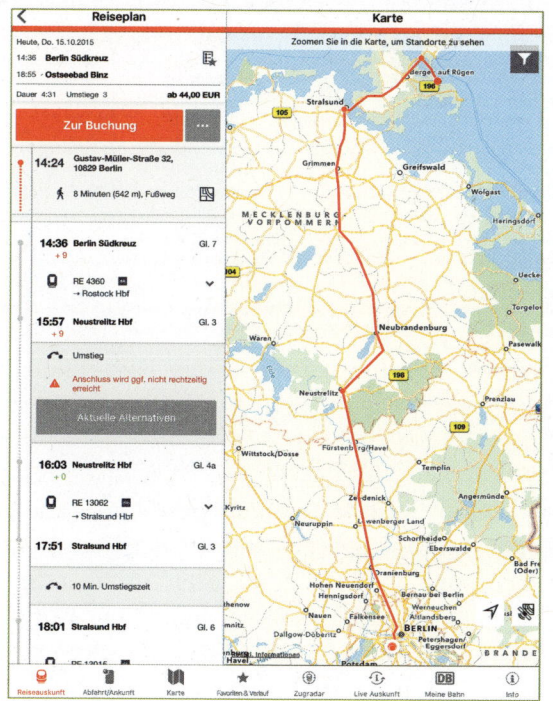

Ziel Sellin-Ost auf Rügen. Geben Sie die Straßenadresse Ihrer Freundin als Ziel ein oder den Namen, wenn der Datensatz schon gespeichert ist. Darum möchte die App auf Kontakte, Kalender und Geoposition zugreifen. Einige Verbindungen werden Ihnen dann angezeigt und der erfahrene Bahnfahrer schaut aufmerksam auf Dauer und Zahl der Umstiege. Unsere erste Suche ergab viele hektische Verkehrsmittelwechsel innerhalb Berlins. Das geht bequemer.

Erweiterte Reiseoptionen

Zurück in der Reiseauskunft: Aktivieren Sie die *> erweiterten Suchoptionen*, deaktivieren möglicherweise die Bevorzugung von schnellen Verbindungen und *> verändern die Umsteigezeit*, weil Sie gerade schlecht zu Fuß sind. Wir wissen, dass unsere Züge gen Norden durch den nahe gelegenen Bahnhof Südkreuz laufen und bevorzugen ihn als Einstiegspunkt, tragen ihn als *> Via-Bahnhof* ein. Starten Sie nun eine *> neue Suchanfrage*.

Siehe da: gar nicht viel länger und weniger Umstiege. Das passt – darum speichern wir uns diese Verbindung gleich *> in den Kalender* ab – für einen selbst und für andere. Außerdem sparen wir uns den Weg zum Automaten und kaufen das Ticket nach einigen Schritten gleich online. Stimmt der BahnCard-Rabatt? Fahren Sie alleine? Und wenn Sie sich beim ersten Mal nicht trauen? Dann buchen Sie sich zumindest eine Sitzplatz-Reservierung, um mit bereits gültigem Ticket dieses Prozedere einmal durchzuspielen.

Ihr Reiseprofil

Achten Sie in den Optionen auf Ihr Reiseprofil: Sie können teure Verkehrsmittel wie den *> ICE aus- oder die Fahrradmitnahme einschließen*. Während der Fahrt informiert Sie die App über den Streckenverlauf und live über Verspätungen, auch die der Anschlusszüge und mögliche Ausweichrouten. Dank der genauen Gleis-Angaben und den Karten mit grob markierten Fußwegen findet man sich auch beim Umsteigen zum Bus in einer fremden Stadt zurecht. Und wollen Sie doch einen Ortskundigen fragen, dann können Sie sich gezielt nach der Buslinie 20 oder dem RE23456 mit Ziel Neustadt Hbf erkundigen. Alles Infos vom iPhone-Display. Dass Sie selbst kurz vorher im unbekannten Kleinkleckersdorf aussteigen wollen, verwirrt nur andere.

So meistern Sie selbst kritische Situationen wie den Weihnachtsbesuch bei der Familie in Sparpreis-Eigenanfahrt. Aber auch alltägliche Aufgaben: Wie fahren jetzt die nächsten Stadtverkehr-Busse an der Haltestelle vor dem Haus? Wie umfahre ich die Streckensperrung meiner Stamm-S-Bahn? Kommt der Besuch mit dem Zug pünktlich am Bahnhof – an und wenn nicht, warum eigentlich?

Die Zukunft der Mobilität

So ergeben sich seit recht kurzer Zeit ganz neue Mobilitäts-Konzepte auch ohne eigenes Auto. Mit dem Touch&Travel-Projekt der Bahn können Sie heute schon per iPhone im Zug ein Ticket lösen und melden sich am Zielbahnhof aus der Fahrt ab – abgerechnet wird anhand von GPS-Daten und Echtzeit-Fahrplänen einmal monatlich.

Trend ist in deutschen Großstädten auch das Car-Sharing geworden. Heute schaut man in seiner App nach, wo der nächste freie Wagen steht, reserviert ihn und fährt einfach los.

Der Preis für solchen Komfort? Die ständige Überwachung durch die Computersysteme der Anbieter, solange man dessen Dienst aktiv nutzt. Jede Strecke wird zu Abrechnungszwecken aufgezeichnet, und wer weiß schon, wie lange solche Daten gespeichert werden und in wessen Hände sie fallen könnten. Das ist nicht nach jedermanns Geschmack.

Letztlich muss jeder für sich selbst entscheiden, ob ein Plus an Mobilität und Bequemlichkeit sich mit dem Bedürfnis nach Privatsphäre vereinbaren lässt.

Mehr als
nur Telefonieren

Das iPhone ist mehr als die Summe seiner Teile. Es ausschließlich zum Telefonieren zu verwenden wäre fast eine Verschwendung, wo es doch auch als Adressbuch, Terminkalender, zum Surfen und vieles mehr genutzt werden kann. Ebenso das iPad: Per App wird es zum Telefon – wenn nicht schon ein paar Zeilen genügen, etwa mit iMessage.

Die Mutter der Smartphones

Ein Telefon ohne Tasten? So etwas wollen die Leute nicht, da waren sich die Branchenriesen im Jahr 2007 noch sicher. Doch heute geht es den Riesen von damals schlecht: Vom Erfolg des neuartigen Telefons ohne Tasten wurde die Branche überrollt, das iPhone zum Renner.

Auch die Tester der Stiftung Warentest sehen die aktuellen iPhone-Modelle stets weit vorn. Das große iPhone 6s konnte sich im Sommer 2015 mit Bronze einen Treppchenplatz unter den ersten drei sichern und die „normale" Version den stolzen 6. Platz der Bestenliste, die über 280 Geräte umfasst. Minuspunkte kassiert Apple stets für den fest verbauten Akku. Wie sich die brandneuen iPhones des aktuellen Jahrgangs im Test schlagen, erfahren Sie online: www. test.de/thema/handys.

Telefonieren ohne Tasten

Was anfangs noch viele Anwender verunsichert hat, ist mittlerweile eine Selbstverständlichkeit: Es braucht eine App, um an einem Smartphone zu telefonieren. Jeder Anruf von einem iOS-Gerät folgt demselben Muster:

1 Gerät entsperren und auf den Home-Screen wechseln.

2 Telefon-App finden und aufrufen.

3 Falls noch nicht sichtbar, den *> Ziffernblock einblenden*. Sie kennen ihn vielleicht als Tastenfeld oder Keypad.

4 Rufnummer eingeben, eventuell korrigieren und mit einer *>grünen Taste* das Gespräch aufbauen.

5 Schließlich am Gesprächsende mit > *roter Taste* auflegen und bei Bedarf von der Telefon-App wieder in eine andere wechseln oder sperren und einstecken.

Im Überblick: Die Telefon-App

Den Komfort, den Sie vom Festnetztelefon und anderen Handys erwarten, finden Sie auch am iPhone in der Telefon-App. Bei aktiviertem Ziffernblock dominieren die zwölf Tasten das Programmfenster:

▶ **Ganz links oben:** ein +-Taster, mit dem Sie eine gewählte, aber noch nicht angerufene Telefonnummer Ihren > *Kontakten hinzufügen* können

▶ **Mittig oben:** die zu wählende Rufnummer in angenehmer Größe

▶ **Rechts oben:** die Löschtaste, um bei einem Tippfehler die > *Rufnummer bearbeiten* zu können

Im unteren Menüband:

▶ **Rechts unten:** Voicemail, der Anrufbeantworter

▶ **Mittig rechts unten:** Ziffernblock (gerade aktiv)

▶ **Mittig unten:** die schnelle Verbindung ins persönliche Adressbuch über die Taste Kontakte

▶ **Mittig links unten:** der Startpunkt für Wahlwiederholung und Rückrufe in der Anrufliste

▶ **Ganz links:** die Favoriten, eine besondere Art der Kurzwahlliste

Eine Besonderheit stellen die unteren drei Zifferntasten dar:

▶ **Halten Sie Null gedrückt,** erzeugen Sie das in allen Mobilfunknetzen gültige Präfix „+" für eine internationale Verbindung, daran schließt sich dann die Landesvorwahl an (49 für Deutschland) und die Ortsvorwahl ohne führende 0, für Berlin also 30 und dann die lokale Rufnummer (98765432). Für das Festnetz und nationale Mobilfunknetze sind sonst andere Präfixe in Gebrauch, weil Wählscheibentelefone das Plus nicht kennen.

▶ **Halten Sie Stern gedrückt,** erzeugen Sie ein Komma, mit dem Sie eine (Wahl)Pause von einer Sekunde erzeugen. Profis programmieren so Telefonnummern-Makros, um mit nur einem Tastendruck ein Sprachcomputersystem (z. B. Telefonbanking) punktgenau anzusprechen: Rufnummer, einige Kommas für die Pause, die PIN – und danach genau die Ziffern und Pausen, bis der gewünschte Menüpunkt erreicht ist.

▶ **Raute gedrückt** erzeugt mit dem Semikolon ein seltenes GSM-Steuerzeichen.

Füttern Sie die Kontaktdatenbank

iOS bietet Ihnen an vielen Stellen die Möglichkeit, Daten wie E-Mail-Adressen oder Telefonnummern zu speichern. Diese Informationen landen alle in der Kontakte-App, genauer gesagt: in einer Datenbank, die grundsätzlich alle Apps nutzen können. Machen Sie es sich zur Gewohnheit, Rufnummern den entsprechenden Personen zuzuordnen. Das geht sehr bequem auch hier: Sie geben die Rufnummer ein und die App bietet Ihnen mit blauer Taste links von der Rufnummer an, die angezeigte Nummer *> zu Kontakten hinzuzufügen*. Gibt es schon einen Datensatz zur Person oder müssen Sie einen *> neuen Kontakt erstellen*? Das sich dann öffnende Fenster kennen Sie schon – es ist der Bearbeiten-Modus der Kontakte-App. Auch in Ihrer Anrufliste finden Sie sicher bald „nackte" Rufnummern, die Ihr Gedächtnis aber recht genau zuordnen kann.

Wahlwiederholung und Sperre mit der Anrufliste

Einmal gewählt, über Wochen gespeichert – so ist die Maschine. Nur weil vorhin besetzt war, müssen Sie jetzt nicht noch einmal die ganze Rufnummer eingeben. *> Anrufliste* ggf. *> alle einblenden* *>Eintrag direkt antippen* führt zum Rufaufbau. Genauso mit verpassten Anrufen: Die signalisiert das iPhone in Rot, außerdem erhält die Anrufliste und das Telefon-App-Icon einen roten Anhefter, um Ihnen diese Neuigkeit zu signalisieren, und die Mitteilungszentrale listet das Ereignis ebenfalls auf.

Aber es gibt Feinheiten. Beispielsweise sehen Sie in der Anrufliste, dass Ihre Tochter aus dem Büro angerufen hat. Sie schauen auf die Uhr, Ihre Tochter hat Feierabend. Über den i-Taster zeigt Ihnen die App alle anderen Rufnummern und Sie entscheiden sich – nur einen Tipp weiter – zum Rückruf auf ihre Handynummer.

Außerdem können Sie von hier aus eine Rufnummer Ihrer Kurzwahlliste, den Favoriten, hinzufügen oder direkt einen anderen Kommunikationsweg einschlagen – je nachdem, was der Datensatz an Informationen so hergibt. Daher ist es immer sinnvoll, unter einem Namen so viele Infos wie möglich zu speichern. Haben Sie stattdessen aus Gewohnheit für jede Rufnummer einen eigenen Kontaktdatensatz angelegt, behandelt iOS diese Datensätze als getrennte Personen – das war keine so brillante Idee. (Ihr „Freund" ist in solchen Fällen der Befehl *› Kontakte verknüpfen*, allerdings im Bearbeiten-Modus in der Kontakte-App.)

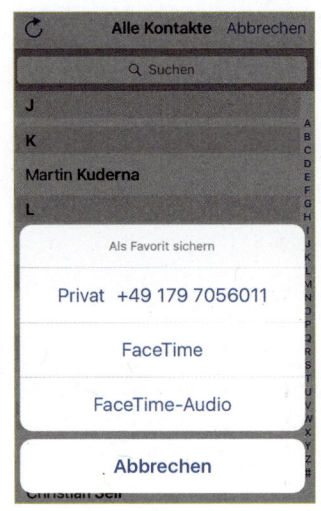

Von hier aus können Sie aufdringliche *› Anrufer sperren*. Dieser im Fenster letzte Befehl stellt das iPhone bei einem Anruf stumm, wenn die Rufnummer übereinstimmt. Das ist leider auch das Manko: Unseriöse Telefonwerber und Spaßanrufer übermitteln selten tatsächlich ihre eigene Rufnummer.

Favoriten: meine Allerliebsten

Die Favoritenliste bietet neben der praktischen Kurzwahl ein weiteres Feature: Personen (genauer gesagt, jeweils eine Telefonnummer dieser Personen, darum interviewt iOS Sie so penibel), die hier gespeichert sind, können Sie auch dann erreichen, wenn Sie ansonsten Ihre Ruhe haben wollen. Dies steuern Sie zum einen hier, weil Sie entscheiden, wer zu den Allerliebsten gehört, und dann außerhalb der Telefon-App in *> Einstellungen > Nicht stören > Anrufe zulassen*. Die Favoritenliste teilt sich die Telefon-App mit Apples eigenem Dienst FaceTime. Dazu gleich mehr.

Halten Sie Ihre Favoritenliste übersichtlich, bei mehr als einem Dutzend Einträge führen Sie die Idee der Kurzwahl sonst ad absurdum. Darum können Sie die Liste auch bearbeiten: Verändern Sie die Reihenfolge nach Belieben oder löschen Sie einen Eintrag aus dieser Liste. Der dazugehörige Kontaktdatensatz bleibt immer vollständig erhalten.

Anrufbeantworter 2.0: Visual Voicemail

Nun kennen Sie die Telefongrundfunktionen. Die meisten Provider bieten iPhone-Besitzern aber zusätzlich etwas Besonderes: Anrufbeantworter – ohne die Computerstimme der Mailbox anrufen zu müssen. Eigentlich ist es aber eine Illusion: die Telefon-App „spricht" mit dem Voicemail-System des Providers und visualisiert neue Nachrichten so ähnlich wie ein Musikstück.

Durch Antippen eines Eintrags in *> Telefon > Voicemail* und Drücken der dreieckigen Taste starten Sie die Wiedergabe durch den Telefonhörer, Sie können aber auch den Lautsprecher einschalten, die Wiedergabe anhalten und – bei längeren Mitteilungen praktisch – gezielt mit dem blauen Anfasser an eine bestimmte Stelle springen.

Von hier aus können Sie einen direkten Rückruf starten oder die Mitteilung löschen. Mehrere Mitteilungen nacheinander löschen Sie am bequemsten im Bearbeiten-Modus.

Mit dem i-Taster stehen Ihnen dieselben Möglichkeiten wie zuvor beschrieben zur Seite.

Schön, dass Sie in Zukunft diese Computerstimme nicht mehr hören müssen. Und Ihre Anrufer? Da wird es nun Zeit, eine persönliche Begrüßung aufzusprechen:

Eine persönliche Ansage aufsprechen

1 Navigieren Sie zu > *Telefon-App* > *Voicemail* und tippen die Taste > *Begrüßung*.

2 Wechseln Sie auf > *Eigene*, um die Standardansage abzuschalten.

3 Ihren zurechtgelegten Text nehmen Sie auf und >*stoppen* dann die Aufnahme.

4 Die Aufzeichnung können Sie > *abspielen*.

5 Diese Schritte können Sie so oft wiederholen, bis Sie mit dem Ergebnis zufrieden sind – oder Sie wechseln zurück zur Standardansage.

6 Zuletzt > *sichern* Sie die Änderung.

Visual Voicemail ist ein Datendienst, und da Datenverkehr im Ausland häufig teuer ist, endet der Komfort meist an der Landesgrenze. Dann springt die Visual Voicemail um, zurück in die Mailbox. Computerstimme und SMS informieren Sie wie früher über neu eingegangene Nachrichten.

Doch Achtung: Im Ausland jenseits der Grenzen der Europäischen Union (je nach Provider und Tarif also bereits in der Schweiz und der Türkei) verursacht die Mailbox bei Ihnen Kosten, denn technisch gesehen leiten Sie ein erfolgloses Gespräch zurück nach Deutschland um und rufen dann ebenfalls als Auslandsgespräch noch den Mailbox-Computer an.

Ich möchte meine Voicemailbox abschalten

Das hat Apple gar nicht vorgesehen und dafür gibt es weit und breit keinen Schalter. Jetzt wäre es gut, wenn Sie die kleine Bedienungsanleitung Ihres Providers zur Hand haben, die er mit der neuen SIM-Karte für das iPhone verschickt hat. Dort erfahren Sie einen speziellen Zifferncode, den Sie wie eine Telefonnummer über den Ziffernblock der Telefon-App eingeben und anrufen.

Bei der Telekom ist dies beispielsweise *#61#*, zum Wiedereinschalten **61#*. Natürlich kennt auch das Internet diese sogenannten GSM-Steuercodes: Suchen Sie mit Google danach und ergänzen Sie den Suchbegriff um Ihren Providernamen. Wer diese Funktionen häufiger einsetzen will, speichert „seine" Codes wie eine Telefonnummer unter einem beschreibenden (Firmen-)Namen im Adressbuch. Das gilt auch für die vorhin erwähnten Telefonnummern-Makros.

Die Mailbox soll länger warten bis zur Gesprächsannahme

Jetzt wird es trickreich, denn auch hierfür hat iOS nichts im Angebot. Wieder hilft ein Blick in die Anleitung des Providers – und wenn nicht: Bitten Sie an der Hotline einen Mitarbeiter, die bedingte Rufumleitung nach Zeit zur Mailbox, so der Fachausdruck, auf den Wert 25 oder 30 Sekunden zu ändern. Wahrscheinlich verrät er Ihnen den Tastencode, den Sie wie gerade beschrieben eingeben. Bei der Telekom lautet dieser Code: ***61*3311*11*30#*. Statt des abschließenden Wertes 30 sind auch andere Sekundenwerte wie 5, 10, 15, 20 und 25 möglich.

Eine unbedingte Rufweiterleitung ist die sofortige Umleitung auf eine andere Nummer. Dann klingelt kein Anrufer mehr bei Ihnen, denn er wird schon vom Provider abgefangen und auf die andere Nummer umgeleitet.

Das ist praktisch, wenn der Akkustrom zur Neige geht und Sie fern eines Ladegerätes, aber in Hörweite eines anderen Telefons sind. Leiten Sie dann dahin um, ein Symbol in der Statusleiste erinnert Sie daran. Auch das geht über Tastencodes, den iOS-Schalter hierfür finden Sie außerhalb der Telefon-App in *> Einstellungen > Telefon >Rufweiterleitung*.

Anrufe, immer mehr Anrufe!

Sobald eine Person Sie anruft, klingelt ihr iPhone und das Display zeigt meist die Rufnummer oder den Namen an, sofern es für sie einen Kontakteintrag gibt. Sie haben es nun sprichwörtlich in der Hand, was weiter passiert:

▶ **Ändern Sie die Lautstärke des Klingeltons** über die Tasten am Gehäuserand oder

▶ **Schalten Sie den Klingelton sofort (nur für jetzt) stumm,** indem Sie einmal die Standby-Taste drücken.

▶ **Sie können den Anruf auch ablehnen** und eine erklärende Nachricht (SMS) verfassen. Einige Texte sind schon vorgefertigt.

▶ **Mit dem Wecker-Symbol** lehnen Sie den Anruf ebenfalls ab, aber setzen für sich selbst eine Erinnerung – in 5 Minuten oder beim Verlassen des aktuellen Ortes, an dem Sie jetzt gerade nicht telefonieren können.

▶ **„Klassisch" lehnen Sie das Gespräch** mit › *doppeltem Drücken* der Standby-Taste ab – das wenig freundliche „Wegdrücken" .

Haben Sie Ihre Mailbox aktiviert, dann wird die sich in aller Regel mit dem Anruf beschäftigen. Eine rote Markierung an und in der Telefon-App sowie Bildschirmmeldungen setzen Sie darüber in Kenntnis.

Ansonsten informiert eine Computerstimme höflich, dass Sie momentan nicht sprechen können, im schlimmsten Fall erhält der Anrufer ein Besetzt-Zeichen. Aber wer oder was hindert Sie, das Gespräch mit der grünen Taste anzunehmen?

Vielleicht sind Sie ja bereits in ein anderes Telefongespräch verwickelt. Sollte dies der Fall am iPhone sein, dann hören Sie einen Anklopfton im Gespräch und ein Blick auf das Display klärt, wer stört. Manche Menschen kommen damit gut klar und makeln wie selbstverständlich zwischen den Leitungen hin und her, stel-

len gar Konferenzen her –
andere lenkt es ab und über-
fordert sie. Am anderen Ende der Leitung kommt sich
allerdings jeder ein bisschen
doof vor: Höflich ist es nicht,
jemanden in der Leitung
hängen zu lassen.

Dabei ist es mit dem iPhone
gar nicht so schwer, diese hohe Kunst des Makelns und Schaltens zu
lernen: Intelligent wechselt das Gerät auf dem Display die mögli-
chen Befehle. Detailliert beschreibt dies Ihre Bedienungsanleitung.
Oder Sie entscheiden sich dagegen: in den *> Einstellungen > Telefon
>Anklopfen/Makeln*.

Multitasking beim Telefonieren

Sie können während eines Gespräches alle Funktionen und Apps
Ihres iGeräts nutzen. Sie sind nur einen Hometasten-Tipp davon
entfernt. Es ist ja ganz typisch, dass man sich während eines Telefo-
nats Notizen machen will, das geht auch ohne Block und Stift – und
zwar am besten so:

1 Schalten Sie zunächst mit einer der sechs Tasten auf dem Display den Lautsprecher und damit die *> Freisprechfunktion* ein
(oder benutzen Sie Kopfhörer).

2 Wechseln Sie auf den Home-Screen Home.

3 Sie hören Ihren Gesprächspartner und er hört Sie? Prima.

4 Wechseln Sie in die App Notizen (oder Kalender, Kontakte ...)
und erledigen Sie Ihre Aufgabe dort.

5 Sobald Sie – ganz souverän – bereit sind, wechseln Sie zurück
zum Gespräch – die Statuszeile am oberen Displayrand zeigt Ihnen
als Taste genau diese Option.

6 Jetzt schalten Sie den Lautsprecher wieder ab und telefonieren
wie gewohnt weiter.

Aug' in Aug': FaceTime

Jenseits der klassischen Festnetz- und Mobiltelefonie gilt: Jeder vernetzte Computer kann als Telefon auftreten. Da machen auch die iOS-Geräte keinen Unterschied und Apple nutzt diese beliebte Hintertür namens VoIP (engl. „Voice over IP", über das Internet vermittelte Sprachpakete) für seinen Telefondienst FaceTime. Damit können Sie gratis mit anderen iOS- und Mac-Anwendern telefonieren – und das auch per Video.

→ **Gratis kann teuer werden**

Abgesehen von den klassischen Handy-Diensten wie Telefonieren und SMS/MMS am iPhone benötigen alle anderen modernen Kommunikationswege eine Internetverbindung. Die Kosten hierfür zahlen grundsätzlich Sie – Ihr WLAN samt Flatrate zu Hause ist da noch am günstigsten. Wollen Sie auch unterwegs diese Dienste aktiv nutzen, verbrauchen Sie kostbares Datenvolumen. Ist die Bandbreite erst gedrosselt, haben FaceTime & Kollegen keine Chance mehr. Außerdem gehen die Provider der Mobilnetze dazu über, die unliebsame Technik der Internet-Telefonie mit technischen Tricks aus den Netzen herauszuhalten oder sie nur gegen Aufschlag durchzuschalten.

Ihre iCloud-Adresse (und weitere, wenn Sie mögen) dient FaceTime quasi als Telefonnummer; sie ist in Apples zentralem Telefonbuch so notiert. Mittlerweile kann FaceTime sogar Telefonnummern verwenden – zumindest die der SIM-Karte(n), die Sie selbst bei der Ersteinrichtung für diese Benutzung freigegeben haben. Die Bedienung der FaceTime-App ähnelt der der Telefon-App fast aufs Haar, es fehlen nur der Ziffernblock für Telefonnummern und der Anrufbeantworter. Das hat FaceTime – im Gegensatz zum Konkurrenten Skype – nicht zu bieten.

Allerdings können Sie die E-Mail-Adresse nicht wie eine Telefonnummer über die Tastatur eingeben. Das Prozedere beginnt immer mit einem Datensatz in der Kontakte-App – schon bestehende Kontakte können Sie aus der App heraus aufrufen. In der Detailansicht können Sie dann mit der Taste FaceTime das Gespräch aufbauen. Möchten

Sie sich ohne Video unterhalten, dann drücken Sie das entsprechende Symbol für FaceTime Audio. Genauso können Sie auch die Kontakte-App als Startpunkt wählen und dort dieselben Schritte unternehmen. Auch in einem laufenden „normalen" Handy-Gespräch ist das Umschalten auf die FaceTime-Videotelefonie möglich, der Bildschirm bietet hierfür eine eigene Taste im Gespräch an.

Bei den ersten Videotelefonaten vergisst manch einer, dass man selbst natürlich für den anderen auch zu sehen ist. Schauen Sie mal auf das Display: Sie sehen sich selbst dort in einem kleinen Fenster und können das auch verschieben oder per Tipp zwischen beiden Fenstern umschalten. Außerdem können Sie mit einem Tipp auf das Kamerasymbol von der Front- auf die Hauptkamera umschalten. Vielleicht sehen Sie ja etwas, was Sie dem anderen gern zeigen möchten: den wunderbaren Strand oder das Chaos im Keller nach dem Rohrbruch. Die lästige Seite ist: Bei Video-Chats muss man sich auch mit den Augen auf den anderen einlassen und kann gar nichts mehr nebenbei tun! Sie sind unter Beobachtung! Darum ist der Blick auf das eigene Bild immer wichtig, möchte man für sein Gegenüber doch gut rüberkommen.

Skype – alles in einer App

Apple ist mit FaceTime vergleichsweise spät gestartet, da hatten andere längst einen großen Teil des neuen Marktes der Internettelefonie für sich gesichert. Einer der Großen ist Skype, mittlerweile gehört der Dienst zu Microsoft. Zunächst begann er als einer von vielen Chat-Anbietern, bei dem man auch unkompliziert Dateien hin- und herschicken konnte. Bald kamen Audiogespräche dazu, dann

der Video-Chat. Schon sehr früh überwand Skype Grenzen: Mac-Anwender konnten mit Windows-Usern konferieren, das öffentliche Telefonnetz war erreichbar und einen Anrufbeantworter gab es auch.

Heute gibt es Skype auch als App für Android, iOS und eine Reihe weiterer Systeme – und das ist der eine große Vorteil: Mit Skype erreichen Sie auch Teilnehmer, die keinen Mac und kein teures iOS-Gerät haben. Das ist bis zu diesem Punkt alles kostenlos.

Geld verdient Skype mit Zusatzangeboten, die durchaus interessant sind:

▶ **Telefongespräche** aus dem Skype-Netz in das öffentliche Netz zu günstigen Preisen

▶ **Nachrichten per SMS** verschicken

▶ **Zuteilung einer** nationalen „Festnetz"-Rufnummer, um für andere ohne Skype auch erreichbar zu sein – inklusive Anrufbeantworter

So kann sich auch das iPad zum Telefon wandeln – per Skype und ohne Telefonhörer. Telefonhörer für das iPad gibt es übrigens sogar im Handel, für den Anfang tun es aber auch Kopfhörer für eine bessere Tonqualität und weniger Zuhörer.

Auf www.skype.com/de erfahren Sie mehr über Preise und können auch die Mac- und Windows-Versionen herunterladen, die Skype-App gibt es im App Store.

Die schnelle Nachricht: iMessage und SMS

Während sich Skype als Komplettangebot gibt, setzt Apple auf die Trennung von Telefonie und Chat. FaceTime für das Gespräch und die Nachrichten-App für die schnelle Botschaft, bei Apple heißt sie iMessage. Zugleich ist sie am iPhone – und nur dort – auch die Kommandozentrale in Sachen SMS und MMS, also die Kurzmitteilungstypen, die Sie vom Handy her kennen.

Eine neue Nachricht verfassen

Die wichtigste Grundfertigkeit für Textnachrichten haben Sie bereits erlernt: das Arbeiten mit Text und der Tastatur. Und wer E-Mails schreiben kann, für den ist das hier ein Klacks:

1 Öffnen Sie *> Nachrichten* und mit einem Tipp auf das Piktogramm mit Stift und Block legen Sie eine *>neue, leere Nachricht* an.

2 Adressieren Sie die Nachricht, indem Sie die Adresse eines anderen iMessage-Nutzers eintragen. (Schon als Datensatz vorhanden? Dann genügt der Name!) Das iPhone verarbeitet hier auch Handynummern.

3 Schreiben Sie Ihre Nachricht in das Eingabefeld. Vielleicht ergänzen Sie sie um ein paar Symbole aus der Emoji-Tastatur (*> Globus-Taste*)?

4 Und ein Foto? Mit Tipp auf die *> Fotoapparat-Taste* neben dem Nachrichtenfeld können Sie ein vorhandenes Bild einfügen oder genau jetzt eines aufnehmen. Seit iOS 8 ist es auch möglich, kurze Video- oder Audiomitteilungen zu senden – dazu gleich mehr.

5 Senden Sie Ihre Nachricht.

Wenn Sie Ihr Gerät jetzt verriegeln, verpassen Sie die Antwort trotzdem nicht. Mit Tonsignal und einer Bildschirmmeldung macht iOS Sie auf die neu empfangene Nachricht aufmerksam.

Folgen Sie den Anweisungen und öffnen Sie die Nachrichten-App.

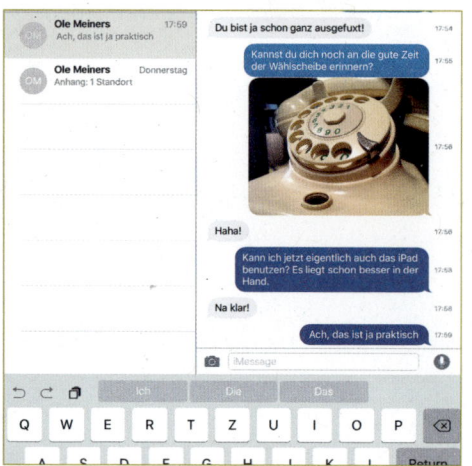

Allmählich entwickelt sich eine Unterhaltung aus Sprechblasen. Beim Schreiben haben Sie – im Gegensatz zu früheren Handys – eine komplette Tastatur, was die Eingabe deutlich erleichtert (Querformat ausprobieren!).

Außerdem helfen die Argusaugen von iOS bei der Rechtschreibung – die gesamte Palette der Textbearbeitung inklusive Kopieren und Einsetzen steht Ihnen hier zur Verfügung. Dank Siri können Sie Ihre Antworten auch diktieren: Mit einem Tipp auf die Mikrofon-Taste in der unteren Reihe ist vieles schneller gesagt als geschrieben. Auch außerhalb der Nachrichten-App ist Siri bereit für iMessage & Co. Bei der Spracheingabe: „Sage Justin: Ich komme eine Stunde später" legt Ihnen iOS dank der Cloudunterstützung eine korrekt adressierte Nachricht an die (vorab gespeicherte) Person zur Freigabe vor.

Info

Die Apps WhatsApp und Threema: Kurznachrichten- oder Messengerdienste haben, so glaubt manch ein Experte, der SMS endgültig den Todesstoß versetzt. Großer Beliebtheit erfreut sich WhatsApp, mit den meisten Nutzern. Für sehr wenig Geld steht hier eine Plattform bereit, um über Geräte- und Netzgrenzen hinweg Dauergespräche in Textform zu führen. Funktioniert leider nicht am iPad und hat einige Sicherheitsmängel.
Mehr Sicherheit verspricht der in der Schweiz beheimatete Dienst Threema, denn die Textnachrichten werden zunächst auf dem iGerät verschlüsselt, dann auf ihren Weg geschickt und erst beim Empfänger wieder entschlüsselt (Ende zu Ende). Da liest niemand in der Leitung mit.

Nachrichten bearbeiten, Unterhaltungen löschen

Erhalten Sie selbst ein Foto, dann schauen Sie es sich zunächst in der Vollbildansicht an. Dort haben Sie mit der *> Freigaben-Taste* die Möglichkeit, dieses Bild abzuspeichern, zu drucken oder Ihrerseits zu verschicken – mit welchem Dienst auch immer.
Lassen Sie Ihren Finger auf einer der Sprechblasen liegen, öffnet sich ein Kontextmenü: Sie können etwa den Text *> kopieren* oder mit der Taste *> Mehr* in den *> Bearbeitungs-Modus* wechseln. Am linken Rand erscheinen nun Markierungsfelder, sodass Sie einzeln oder en gros Teile der Unterhaltung löschen oder weiterleiten kön-

nen. Die komplette Unterhaltung tilgen Sie mit der Taste *> Alle löschen*. Das hat dieselbe Wirkung wie ein kurzer Wisch von ganz rechts nach links in der Übersicht aller Unterhaltungen. Und auch diese Listenansicht können Sie bearbeiten und stapelweise Unterhaltungen einfach „vergessen".

So wird es eine SMS oder MMS

iPhone-Anwender verwenden die Nachrichten-App auch für die 160 Zeichen langen SMS und deren Multimedia-Schwester MMS. Dann können Sie eine Nachricht auch so adressieren, dass Sie bloß die Handynummer in das Feld am oberen Bildschirmrand eintragen.

→ Das ist der Unterschied zwischen iMessage und SMS

Die SMS ist genauso wie die MMS ein Dienst Ihres Providers, er berechnet dafür in der Regel zwischen 9 und 39 Eurocent, eine Auslands-MMS kann auch einen Euro kosten. Damit erreichen Sie garantiert jedes Handy. iMessage ist dem exklusiven Kreis der iOS- und Mac-Anwender vorbehalten und kostenlos.

Die Farbcodierung entlarvt die grüne, kostenpflichtige SMS von der blauen, kostenlosen iMessage. Auch die Farbe der *> Senden-Taste* zeigt es Ihnen an. Sobald ein Foto mit ins Spiel kommt, macht iOS aus der SMS kurzfristig eine teurere MMS. Das können Sie verhindern, die MMS ist ohnehin aus der Mode gekommen: *> Home > Einstellungen > Nachrichten*.

Noch mehr mitteilen

Die Nachrichten-App beherrscht seit iOS 8 noch weitere Spezialitäten. So können Sie direkt aus der App heraus Ihren Standort als

Geokoordinaten übermitteln und bei Bedarf Worte sprechen oder Bilder zeigen lassen, wenn das Tippen gerade unpraktisch ist.

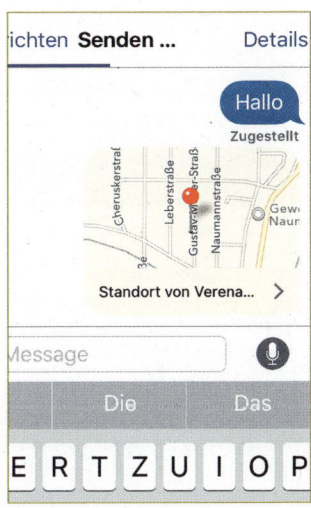

Wo bin ich – und wie lange?
Position per iMessage senden

Apple geht einen leicht anderen Weg als andere Anbieter und verschickt nicht bloß Geokoordinaten, sondern gibt den Anwender-Standort an eine andere Person frei. Dafür ist eigentlich die App Freunde zuständig, aber die erfreut sich keiner hohen Beliebtheit, weil sie für die gelegentliche Nutzung überdimensioniert ist und einen Beigeschmack von Überwachung hat. Mit diesem Wissen im Hinterkopf verstehen Sie folgenden Workshop gleich besser.

1 Beginnen Sie zunächst mit einer ersten Textnachricht, denn erst in einer laufenden Konversation können Sie mit dem nächsten Punkt fortfahren.

2 Die jetzt sichtbare Taste *> Details* oben rechts öffnet weitere Informationen zum Gesprächspartner. Hier finden Sie auch die Befehle zur Standortfreigabe.

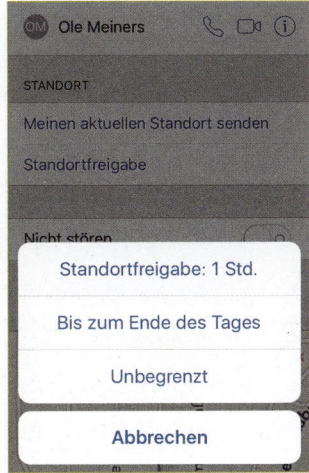

3 Ihren aktuellen Standort können Sie jetzt mit einem weiteren Tipp als Kurznachricht senden, am iPhone auch als SMS. Bekommen Sie selbst so eine Standortmitteilung, dann genügt ein Tipp auf die angezeigte Minikarte, um in die Karten-App mit all Ihren Navigationsmöglichkeiten zu wechseln.

4 Vielleicht bewegen Sie sich aber (zu Fuß, im Auto) und möchten sich mit der anderen Person „treffen", dann spielt die Standortfreigabe (für eine Stunde, den Rest des Tages – oder bis auf Weiteres) ihre wahre Stärke aus. Jetzt kann der andere Sie in der Freunde-App virtuell verfolgen und erst dann zu Ihnen stoßen, wenn Sie nach der Shopping- oder Bierzelt-Tour tatsächlich dem vereinbarten Treffpunkt nahe sind. Von hier aus stehen natürlich auch alle anderen Kartendienste bereit.

Übrigens: Auch aus der Karten-App können Sie einen GPS-Standort versenden – und jeden anderen x-beliebigen Ort (siehe „Karten ...", S. 111).

Kurzmitteilungen anreichern

Natürlich konnte das iPhone schon immer Sprachmemos, Fotos und Videos als Mitteilung oder zumindest als E-Mail versenden. Mit der Nachrichten-App erhält dies jetzt eine wohltuende Flüchtig- und Leichtigkeit, denn sie integriert dazu Schnellbedienungsschalter.

Fotos hinzufügen

Ein kurzer Tipp auf das *> Kamerasymbol* links in der Eingabezeile öffnet den normalen Zugriff auf Foto-Bestand und die Kamera-Funktion. Legen Sie den Finger (tippen & halten) auf das Symbol, zaubern Sie Kontrollelemente für die Kamera hervor zum ganz schnellen Versenden eines Fotos oder zur Schnellaufnahme eines Videos. Noch können Sie abbrechen (x-Taste), denn einmal entschieden, gibt es keinen Weg mehr zurück.

Sprachnachrichten hinzufügen

Auf der rechten Seite ist der Sprechfunk zu Hause: *> Sprechtaste drücken* (tippen und gedrückt halten) *> reden > Sprechtaste lösen*. Versenden Sie Ihre Sprachnachricht mit dem *> „Upload-Pfeil"*, hören Sie noch einmal hinein mit der dreieckigen *> Wiedergabe-Taste* oder brechen Sie ab (x-Taste).

Bekommen Sie selbst so einen Ton zugestellt, genügt es, das iPhone ans Ohr zu halten, um die Wiedergabe zu starten – ohne Zugriff auf den Abspielknopf.

Kurze Lebensdauer

Videos und Töne werden – und das ist das Besondere – nicht zur Speicherung angemeldet, Sie müssen im Nachrichtenfenster selbst den Befehl geben. Meist sind das ja keine Meisterwerke, weshalb sie nach Apples Plan auch nicht den Medienspeicher vermüllen sollen: Nach zwei Minuten sind sie beim Gegenüber schon weggelöscht, hat man die Standardeinstellungen nicht geändert (*> Einstellungen > Nachrichten > Audionachrichten oder > Videonachrichten*). Das heißt aber auch – falls Ihnen soeben eine Adresse durchgegeben wurde und Sie noch einmal nachhören wollen – dass diese Information schon wieder weg ist.

Bei Fotos ist das System nicht so streng: Wieder hilft ein Tipp auf die Detail-Taste, um sich alle Bilder dieser Unterhaltung anzeigen zu lassen. Von dort können Sie selbst schalten, walten und löschen.

Genießen und gestalten

iPhone und iPad leisten in praktischen und pragmatischen Dingen tolle Dienste. Richtig verblüffend sind sie als Abspielgeräte für Videos, als digitales Fotoalbum, Spielkonsole und Lesegerät für E-Books. Mit den eingebauten Kameras können Sie Fotos knipsen oder kleine Videos drehen. Super: Gute Unterhaltung können Sie per Internet kostenfrei auf Ihr Gerät laden.

Die Lust am Lesen, Hören und Sehen

Die Lust am Lesen ist – gerade auch bei Kindern und Jugendlichen – hierzulande ungebrochen. E-Books tragen ihren Anteil dazu bei. Diese elektronischen Bücher sehen von der Seitengestaltung wie gedruckte Bücher aus und werden auf dem Online-Buchmarkt oft als Variante zum Papierbuch angeboten. Auch der Buchhandel vor Ort bietet mehr und mehr E-Books an – fragen Sie den Buchhändler Ihres Vertrauens. Und iPad und iPhone sind neben ihren vielen anderen Fähigkeiten gute E-Book-Lesegeräte.

Wenn Sie sich Medien wie Bücher oder Hörspiele aus dem Internet herunterladen, dann können Sie sich jederzeit und an jedem Ort daran erfreuen. Das ist ein großes Stück Freiheit, das uns das digitale Zeitalter geschenkt hat – sofern der Akku voll ist. Das gilt für „Max und Moritz" genauso wie für die Bedienungsanleitung zu Ihrem Gerät.

Schlagen Sie auch in der Wikipedia etwas nach – Lesen macht Lust auf Wissen – oder hören Sie im Urlaub Ihren Heimatsender per App, dann benötigen Sie dafür immer eine Internetverbindung – und Sie haben ja ein internetfähiges Gerät. Aber wenn Sie sich in gar kein Netz einbuchen können, kein WLAN und keinen Mobilfunk haben, dann ist's mit der Wikipedia und Bayern 3 am Ostseestrand passé.

Das iPhone und die iPads mit Mobilfunk können natürlich die UMTS- und zum Teil die LTE-Netze für den Internetzugang nutzen –

das macht ja den Charme dieser Geräte aus. Uncharmant sind dann aber die Mobilfunkprovider, denn die lassen sich – im Vergleich mit dem Internet aus der Wanddose – den Datenverkehr deutlich teurer bezahlen. Oder Sie drehen Ihnen nach Erreichen einer Mengengrenze – dem Inklusivvolumen – den Hahn zu. Im Ausland ist das alles noch viel komplizierter und darum finden Sie einige Tipps im letzten Kapitel. Als Einsteiger sollten Sie sich aber nicht fürchten: iOS ist von Haus aus konservativ eingerichtet und lädt nicht hemmungslos Ihr kleines Inklusivvolumen beispielsweise mit lustigen Kätzchenvideos leer. Immer wenn das System WLAN zur Verfügung hat, weicht iOS dahin aus.

→ Besser ohne WLAN Assist

Abraten möchten wir bei Drucklegung von der Funktion WLAN Assist: Sie scheint diesem Ziel zuwiderzulaufen.

Wer kein WLAN und kein kabelgebundenes Internet zu Hause hat, muss sein Surf- und Ladeverhalten ein wenig im Auge behalten. Eine Stunde Video in TV-Qualität zu laden verbraucht etwa ein Gigabyte Datenvolumen, stattdessen könnten Sie wahrscheinlich sieben Musikalben in iTunes-Qualität über das Handynetz kaufen und herunterladen.

Wichtig ist zu wissen, dass Videos etwa von YouTube auch „geladen" werden, wenn Sie sie nur ansehen, aber gar nicht auf Ihre Festplatte herunterladen. Bei diesem sogenannten „streaming" wird die Datei nur zwischengespeichert und sobald Sie die Seite verlassen, wird das Video wieder aus dem Zwischenspeicher gelöscht. Zum Inklusivvolumen wird es trotzdem dazugerechnet.

Audio- und besonders Videodateien sind also die großen Brocken. Fotos fallen viel weniger ins Gewicht – und Texte in E-Mails oder E-Books fast gar nicht.

iBooks: Buchregal mit Ladenanschluss

Elektronische Bücher und auch PDF-Dokumente lassen sich gut unter Apples eigener App iBooks lesen. Hier können Sie auch eine Auswahl an iBooks kaufen – einen ersten Eindruck haben Sie bereits bekommen. Da Apple aber nicht Verträge mit allen Verlagen unterhält, müssen Sie dort auf viele Bücher verzichten. Amazons Kindle-App oder die App des E-Book-Händlers Kobo sind beispielsweise gute Alternativen und Ergänzungen.

E-Books lesen ist sehr einfach und Sie brauchen sich kaum umzugewöhnen. Sie wischen eine Seite nach der anderen über den Bildschirm. Sie setzen Lesezeichen, können Textstellen kommentieren und über die Suchfunktionen zu Verweisstellen springen. Fast alle kostenpflichtigen Titel gibt es auch als Leseprobe – und über die Gratisbücher sind Sie bei Ihrem ersten Besuch bestimmt auch schon gestolpert.

Info

Kindle und Co: Ein umfangreiches Sortiment an elektronischen Büchern vertreibt der Internet-Gigant Amazon speziell für die bekannte Kindle-Plattform. Mit der gleichnamigen App für iOS haben Sie auf alle Ihre erworbenen Kindle-eBooks sofort Zugriff – Sie brauchen bloß Benutzernamen und Kennwort natürlich für das Amazon-Konto.

Ganz ähnlich agiert der Online-Buchhändler Kobo. Ausleihen geht aber auch: Mit „Onleihe" und „Bluefire" im Team aus dem Angebot der Stadtbüchereien oder aus dem kostenpflichtigen Angebot von „Skoobe".

Im Überblick: iBooks

Starten Sie die App *> iBooks*.

▶ **Im Hauptfenster** sehen Sie Ihre bereits geladenen Buchtitel in einer Regalansicht, mit einem Tipp auf das *> Listen-Symbol* schalten Sie die Ansicht um.

▶ **Nur in der Liste** können Sie nach Titelnamen, Autoren und Genres (Kategorien) sortieren lassen. Sie eignet sich zum Löschen, Sortieren und Bewegen von Büchern in eigene Sammlungen besser als das Regal. Löschen von gelesenen Büchern schafft Platz auf dem Gerät für neue. Wiederholungsleser dürfen sich einmal gekaufte Bücher kostenlos immer wieder aus dem Store herunterladen.

▶ **Zentral im oberen Menüband** liegt die Taste *> Sammlungen*, mit der Sie zwischen *> Bücher-* und *> PDF-Abteilungen* umschalten. Sie können sich später Ihre *> eigenen Sammlungen* anlegen und horizontal wischend zur nächsten gleiten.

▶ **Sie markieren Titel zum Bewegen** – etwa in den Papierkorb – mit *> Auswählen*. In der Listenansicht können Sie ein Buch auch mit einer Wischgeste nach links wegwerfen.

▶ **Rechts unten** finden sich drei Tasten zum Einstieg in den iBook-Store von Apple, nämlich zu den eigenen *> Käufen*, den *> Topcharts* und den aktuellen *> Highlights* – auch Hörbücher und -spiele listet der Katalog auf.

▶ **Die Katalogordnung** bearbeiten Sie über den letzten Schalter. Wechseln Sie in die Liste (drei Zeilen) und zurück ins Regal (vier

Buchumschläge). Womöglich müssen Sie in Ihrer Ansicht den Bildschirminhalt noch ein bisschen tiefer wischen.

▶ **In kostenpflichtigen Titeln** im digitalen Buchladen können Sie einen *> Auszug probelesen*, der Kauf eines Buches folgt dem schon bekannten Muster.

▶ **Die Suchfunktion im Store** ist ihr bester Freund, wenn Sie gezielt einen Titel oder Autor *> suchen*.

▶ **Auch das Lesen** erklärt sich fast wie von selbst, es gibt aber einige nützliche Funktionen, die wir Ihnen vorstellen wollen.

So lesen Sie in einem elektronischen Buch

Fangen wir mit „Max und Moritz" an, das Sie bereits heruntergeladen haben:

▶ **Ein Antippen des Buchtitels** genügt, um es zu öffnen.

▶ **Sie rollen sich von unten nach oben** durch den Text oder

▶ **sie blättern vor und zurück** mit Wischbewegungen vom rechten oder linken Rand. Sie machen das intuitiv richtig.

▶ **Quer oder Hochkant** – halten Sie Ihr Gerät wie Sie möchten.

→ Slide-over-Funktion nutzen

Beim Zurückblättern vom rechten Rand wischt man sich am iPad manchmal versehentlich die Slide-over-Funktion herbei (siehe „Home-Screen", S. 66). Ärgern Sie sich nicht: Denn so ist ein kurzer Ausflug mit Safari in die Wikipedia möglich – und weiter in den Artikel zu „Max und Moritz". Gleich ausprobieren!

▶ **Verändern Sie das Erscheinungsbild**, wie Sie es in keinem gedruckten Buch machen könnten (> *Doppel-A-Symbol*). Wählen Sie Ihre bevorzugte > *Größe* und > *Schrifttype*, probieren Sie das bei den ersten Büchern immer wieder aus. Durch leichte Unterhaltung blättert man sich einfach durch, bei wissenschaftlichen Texten hilft vielleicht eine kompaktere Darstellung, um besser im Kontext zu bleiben.

▶ **Sagt Ihnen das Standardthema** von Büchern nicht zu, wechseln Sie in den Scroll-Modus. Dann lesen sich Texte nicht wie auf Seiten, sondern wie von der Rolle.

▶ **Außerdem bestimmen Sie die Färbung** des digitalen Papiers. > *Sepia* gibt den vergilbten, > *Weiß* den druckfrischen und >*Schwarz* einen Negativ-Eindruck wieder. Kombinieren Sie die Themen mit der an das Umgebungslicht angepassten Helligkeit, die Funktion › *Autom. Nachtmodus* versucht dies automatisch. Über die › *Lupe* gelangen Sie in die Suchfunktion , um eine bestimmte Textstelle oder ein Schlagwort zu suchen. Fundstellen tippen Sie an und springen direkt an diese Position. Zugriff auf Wikipedia und die Internetsuche klappt von hier aus auch.

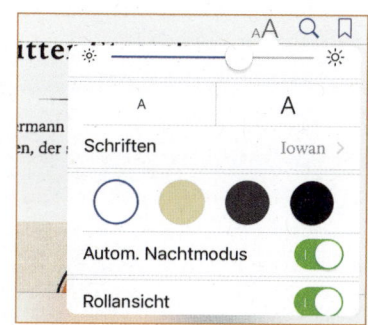

▶ **Die nächste Taste** setzt ein digitales › *Lesezeichen.* Nützlich, wenn Sie erst Ihrer Pflicht als Vorleser nachgekommen sind (Lesezeichen setzen), um dann im spannenden Krimi (wo Sie zuletzt ein Lesezeichen gesetzt haben) weiter zu ermitteln. Diese Lesezeichen synchronisiert iCloud , sodass Sie den Thriller nicht bloß am iPad lesen können, sondern auch unterwegs am iPhone – und gleich richtig einsteigen.

▶ **Zugriff auf das Inhaltsverzeichnis,** gesetzte Lesezeichen und notierte Kommentare erhalten Sie über die › *Gliederungs-Taste* mit den drei Zeilen.

▶ **Zum schnellen Blättern** eignet sich der › *Anfasser* in der unteren Navigationsleiste im Blättermodus. Vorhandene Kapitelüberschriften blendet er beim Bewegen zur Orientierung ein.

▶ **Abbildungen können Sie zoomen** oder › *per Doppeltippen* öffnen und so die gesamte Displayfläche ausnutzen. Drehen Sie Bilder mit Daumen und Zeigefinger oder kippen Sie das Gerät. In einigen Büchern befinden sich möglicherweise auch eingebettete Filme. Den Bild-Modus beenden Sie über den › *x-Taster* oben links.

▶ **Stichwort Notizen:** Wie in einer gedruckten Ausgabe mit Bleistift können Sie Textstellen in digitalen Büchern markieren und zusätzlich › *mit einer*

Notiz versehen. Auch solche Kommentare synchronisiert iCloud von einer Buchkopie auf die andere.

PDFs in iBooks

Bedienungsanleitungen für Fernseher, Eierkocher und auch für Ihr iPhone halten die Hersteller oft auf Ihren Internetseiten bereit, und iBooks ist ein guter Ort, um all den Papierkram zusammenzufassen und dort zu horten. Mit PDFs arbeiten Sie in iBooks genauso wie mit E-Books. Sie haben bloß weniger Optionen bei der Bildschirmanpassung.

Außerdem, was bringt Ihnen im Urlaub die gedruckte (schwere) Anleitung zum Fotoapparat, wenn Sie sie zu Hause gelassen haben? Bei jedem PDF-Download oder beim Sichern eines PDF-Mailanhangs können Sie die Datei an iBooks übergeben. Hat sich Ihr gesuchtes PDF in einem eigenen Safari-Fenster geöffnet, dann tippen Sie es einmal an, um die Taste „In iBooks öffnen" auf das Display zu zaubern. Ist es ein Anhang einer Mail, dann lassen Sie sich die Datei mit einem Tipp anzeigen. Mit der Aktionstaste können Sie dann das PDF übergeben. Ebenso können Sie über die Freigabe-Taste in vielen Apps Inhalte an iBooks übergeben.

Zeitungen und Zeitschriften im App Store: von Käseblatt bis Gourmet-Magazin

In iOS 9 hat Apple den „Zeitungskiosk" als Standard-App abgeschafft. Seitdem verhalten sich elektronische Zeitungen und Zeitschriften wie jede andere App – und man kauft sie als Einzelausgabe oder Abo im App Store. Außerdem wird sicher bald eine neue App von Apple dazukommen: > *News* ist Apples neuer Nachrichten-Service, der in den USA bereits gestartet ist. Das Konzept: Die Verleger liefern an Apple tagesaktuell oder in Echtzeit vorbereitete Daten und die neue App sorgt – abhängig von der Displaygröße des Endgeräts – für eine bestmögliche Präsentation der Inhalte. Weil Qualitätsjournalismus etwas kostet, entscheidet der Kunde selbst, welche Kanäle er nutzen möchte und schließt dann mit dem Verlag (mit Apple als Vermittler) ein Abo ab. Das ist dann schon „Zeitungsabo 3.0" – und wird sicher spannend zu beobachten sein beim Marktstart in Deutschland.

Der virtuelle Zeitschriftenladen

Im App Store finden Sie in den Ansichten > *Topcharts* und > *Highlights* links oben unter > *Kategorien* unter anderem auch > *„Zeitungen und Zeitschriften"*. In dieser bekommen Sie einen virtuellen Zeitschriftenladen geboten, in dem Sie sich ein digitales Abo Ihrer Regional-, Wirtschafts- oder Sportzeitung und zugehörige, automatische Aktualisierungen kaufen können.

Zunächst müssen Sie sich die App für Ihren Lieblings-Titel aus dem Store laden. Das ist meist noch kostenlos und verhält sich wie beim Kauf eines (Gratis-)Buches. Oft bieten diese Apps dann eine kostenlose Probeausgabe an sowie den Zugang auf ihre eigene Website.

Geld will der Verlag dann sehen, wenn Sie die hochwertigen, journalistischen Inhalte auch lesen wollen. Ist das Kostenlos-Abo abgelaufen, können Sie sich meistens entscheiden, ob Sie zukünftig lieber Einzelausgaben kaufen oder ein Abonnement für einen Zeitraum Ihrer Wahl kostenpflichtig abschließen – und das in der jeweiligen App. Diese In-App-Käufe sind hier ganz typisch und ein probates Mittel. In anderen Apps sieht das anders aus: Manch ein Spiel lockt als Gratisnummer, entpuppt sich aber als Groschengrab, weil der Game-Süchtige sich neue Leben oder höhere Spiellevel erkaufen will. Dabei rechnet immer Apple mit Ihnen ab – und immer über die Apple-ID. Achten Sie, besonders wenn Kinderhände im Spiel sind, in *> Einstellungen > Allgemein > Einschränkungen > Zulässiger Inhalt* auf eine kürzere Abfragespanne für Ihr Kennwort und unterbinden Sie In-App-Käufe eventuell ganz. Mit aktiviertem Touch-ID-Sensor bleiben Kinderhände garantiert weg vom Store. Unser Vorschlag: Betreten Sie den App Store und wechseln Sie über die *> Kategorien* gleich in die Fachabteilung für *> Zeitungen und Zeitschriften*. Wie wäre es mit dem kostenlosen Lufthansa-Magazin für das iPad und einer Zeitung Ihrer Wahl?

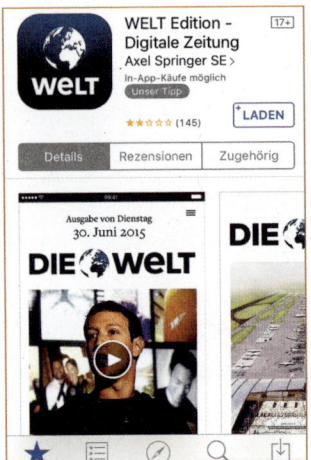

Unsere fällt auf die „Welt" mit einem eingebauten 30-Tage-Schnupperabo – und wie Sie dieses Abo kündigen, lernen Sie auch gleich. Ohne den Inhalt würdigen zu wollen: Beides sind sehr gut gemachte Apps.

Magazin und Zeitschrift – digital

Das Lufthansa-Magazin können Sie nur am iPad und nur im Querformat lesen, das hat der Auftraggeber mit dem Entwickler so entschieden, damit die Gestaltung einschließlich der Bilder voll zur Geltung kommt. Berühren Sie Info-Flächen und eingebettete Filme, steigen Sie in Fotostrecken ein, zoomen Sie Details heran und erleben Sie, wie man ein gedrucktes Medium sehr elegant als App umsetzen kann.

„Die Welt" bescherte ihren Lesern im Sommer 2015 ein großes App-Update und trotz viel Multimedia-Anreicherung gelingt es immer noch, das typische Zeitungsgefühl beim Leser zu vermitteln – im Hoch- und Querformat und sogar auf dem iPhone. Auch die Unterteilung in Zeitungs-Bü-

RESSORTS		
TITELSEITE	PANORAMA	REGIONALES
DER TAG	FOTOREPORTAGE	LETZTE SEITE
BILDER DES TAGES	SUDOKU	
POLITIK	SPORT	
WELT REPORTER	WISSEN	
WIRTSCHAFT	RATGEBER	
FINANZEN	VIDEOTHEK	
DIGITALE WELT	PS WELT	
NETZSCHAU	ICON	

cher (Kultur, Sport) über das Inhaltsverzeichnis (hinter dem Menüanfasser) kommt der echten Qualitätszeitung sehr nahe.

Immer aktuelle Nachrichten

Und dann vereinen sich die Vorteile Ihrer persönlichen Ortsunabhängigkeit mit der schnellen digitalen Auslieferung zu einem echten Traumpaar. In Ihrem dänischen Ferienhaus mit WLAN haben Sie die aktuelle Ausgabe nicht etwa nur am selben Tag, sondern

noch vor dem frühesten Kiosk-Käufer im Heimatort. So lebt auch die durch Radio und Fernsehen in Vergessenheit geratene Tradition wieder auf, täglich mehrere Ausgaben (z. B. die „Mittagsausgabe") einer bestimmten Zeitung zu lesen: Namhafte digitale Zeitungen aktualisieren ihre Texte mehrmals am Tag.

Fragen Sie doch Ihren lokalen Zeitungsverlag, ob Sie

als Abonnent nicht die Digitalausgaben zusätzlich zur Papierform erhalten können. Oft erklärt die App Ihrer Zeitung selbst, wie Sie das machen.

So bearbeiten Sie Ihre Abo-Einstellungen im App Store

Um den Termin für die Kündigung eines Zeitungsabos nicht zu verpassen, machen Sie dies so früh wie möglich:

1 Wechseln Sie in den App Store, navigieren Sie in der *> Highlights-Ansicht* an den Seitenfuß und tippen Sie auf Ihre *> angezeigte Apple-ID*, um sich Ihre Apple-ID anzeigen zu lassen. Alternativ über *> Home > Einstellungen > App und iTunes Store > Apple-ID*.

2 Nach Passworteingabe weiter mit *> Abos verwalten* und ...

3 ... schließlich *> Automatisch verlängern abschalten* und die etwas kryptische Nachfrage mit *> Deaktivieren* bestätigen.

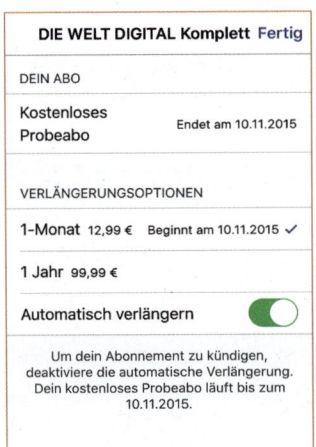

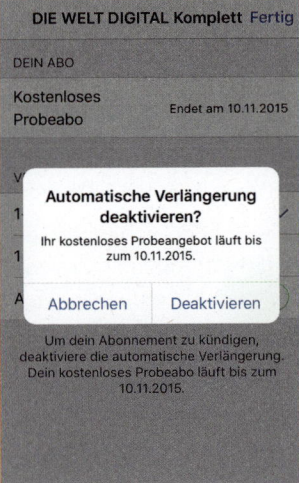

Podcasts: Multimedia gratis laden

Bestimmt ist Ihnen dieser Begriff nicht nur beim Radiohören, sondern auch beim Fernsehschauen bereits über den Weg gelaufen. Aber was ist das – ein Podcast?

Der Begriff ist zunächst eine Kombination aus dem englischen Verb „to broadcast", zu Deutsch etwa „ausstrahlen". Wie Radio und Fernsehen, nur eben für den „Pod", also MP3-Player wie den iPod und seine Verwandtschaft, die von Haus aus gar nicht in der Lage sind, Ausstrahlungen aufzufangen. Man braucht halt ein Radio, um Radio zu hören. So war das im letzten Jahrhundert noch. Und hat man eine Sendung verpasst, konnte man sie aus dem Äther nicht zurückholen. Die Podcast-Technik stellt das alles auf den Kopf: Kommerzielle Radiostationen, die ARD-Sender und ganz einfache Menschen mit etwas technischem Hintergrundwissen können damit auf Sendung gehen und ein Programm zum Herunterladen anbieten. Nur eines sind Podcasts nie: live.

Apple hat schnell erkannt, welches Potenzial dahintersteckt, und bietet seit Jahren Podcast-Machern und deren Publikum an, den iTunes Store als Vertriebsweg zu nutzen. iTunes für Mac und PC besitzt eine Funktion zum gezielten Herunterladen solcher Beiträge (Episoden) einer Sendereihe (Podcast) – genauso wie iOS.

Als unumstößliches Gesetz gilt: Podcasts sind kostenfrei für den Nutzer. Möchten Sie regelmäßig eine bestimmte Sendung laden, können Sie sie abonnieren, ohne dass Sie (abgesehen von den normalen Internetgebühren) einen Cent bezahlen. Apple verkauft also keine Podcasts und die Firma speichert sie auch nicht auf den eigenen Servern, sondern führt bloß einen Katalog und leitet Anfragen direkt an den Anbieter weiter, z. B. an den Westdeutschen Rundfunk oder an den Server einer Universität oder einer Privatperson.

Schritt für Schritt: Einen Podcast abonnieren

► **Einen ersten Überblick** über das breit gefächerte Angebot erhalten Sie gleich nach dem Öffnen der App und einem Antippen der Taste *> Topcharts*.

► **Durch Auf- und Abwärtswischen** können Sie nun die (nach Downloadzahlen) erfolgreichsten Angebote sehen, ein Tipp auf den jeweiligen Podcast öffnet die Detailseite.

→ Wo sind die Video-Podcasts?

Die Trennung nach Audio- und Video-Podcasts hat Apple in iOS 9.0 offenbar aufgegeben, was leider fatale Folgen für iPhone-Besitzer hat. Noch bei Drucklegung konnten wir schwerlich in die Videoabteilung des Katalogs wechseln, am ehesten noch unter der Verwendung der Suchfunktion.

► **Das Berühren eines Eintrags** reicht aus, um einen weiteren Tipp später den entsprechenden Beitrag zu hören oder zu sehen. Hilfreich ist die Dreipunkt-Taste *> …*, mit der Sie weitere Befehle aufrufen können, hier z. B. für eine *> Beschreibung* der aktuellen Folge oder zum *> Sichern*: Einmal gespielte Podcast-Episoden löscht das Gerät nämlich gemäß den Standardeinstellungen.

► **Möchten Sie jetzt diese** Podcast-Episode herunterladen, berühren Sie dafür die „wolkige" *>Download-Taste*.

► **Ein (immer kostenfreies!) Abonnement** gehen Sie ein, indem Sie die gleichnamige Taste drücken. Die aktuelle Folge lädt Ihr Gerät jetzt sofort, alle zukünftigen automatisch ohne Ihr weiteres Zutun.

▶ **Probieren Sie das doch einmal aus:** Suchen Sie aus den Audio-Angeboten im Kategorien-Ast Kunst / Literatur den „ARD Radio Tatort". Das Abo lohnt sich für alle Hörspielfreunde.

Einen Podcast hören oder sehen

Tippen Sie einen Episoden-Eintrag einfach an – und los geht's!

▶ **Bei Video-Podcasts** können Sie mit einem kurzen Tippen auf den Bildschirm die Bedienelemente auch im Querformat ins Bild bringen: › *Lautstärke*, › *Vor-* und › *Zurückspulen*. Im oberen Bereich können Sie den Anfasser der › *Zeitleiste* berühren und bewegen, um gezielt nach vorn oder zurück zu springen. Ganz rechts unten regeln Sie die › *Wiedergabegeschwindigkeit* und links oben im Vollbild die › *Zoomstufe*. Letzteres können Sie auch mit den entsprechenden Gesten regeln.

▶ **Audio-Podcasts** haben ganz ähnliche Kontrollelemente zum Steuern des Redebeitrags oder des gewünschten Musikabschnitts. Neben der Wiedergabegeschwindigkeit – das kann besonders hilfreich sein, wenn man etwa Beiträge in einer Fremdsprache hört – und der Zeitleiste können Sie die Wiedergabe auch per › *Ruhezustandstimer* nach einer vorgegebenen Zeit beenden.

▶ **Zu jedem Zeitpunkt** können Sie über die › *Zurück-Taste* oben links aus der Wiedergabe-Ansicht in die Navigation wechseln, denn die Großansicht des Players rutscht nach unten und nistet sich oberhalb des unteren Menübands ein. Ein Tipp auf den Miniplayer und schon zeigt er wieder seine große Ansicht an. Etwas genauer gehen wir auf die Bedienelemente in den sich anschließenden Abschnitten Musik und Video ein.

Noch mehr Podcasts finden

Die › *Highlights* und die › *Topcharts* sind ein guter Einstiegspunkt zum Stöbern, natürlich können Sie auch gezielt suchen: nach dem Namen einer Sendung (mit der Maus), einem Schlagwort (Maus) oder einem Anbieter (WDR). Wir möchten Ihnen an dieser Stelle einige Empfehlungen geben:

▶ **GEO Audio** präsentiert ein Reisemagazin und als Extra eine vorgelesene Reportage aus einem der aktuellen Hefte.

▶ **Zwischen Hamburg und Haiti** vom NDR ist ein Reportagemagazin für Entdecker fremder Kontinente und unbekannter Welten gleich nebenan.

▶ **Die regelmäßige „Chefvisite"** von Dittsche (Oliver Dittrich) in Ingos Imbiss funktioniert, welch eine Weltidee, auch als Tonspur.

▶ **Neben dem Radio Tatort** produzieren die Landesrundfunkanstalten auch das ARD Radio Feature zu je einem aktuellen Thema.

▶ **Der Podcast der Stiftung Warentest** lässt Sie hinter die Kulissen schauen und informiert über die Themen des aktuellen Hefts.

▶ **Der Podcast von Quarks & Co.** ist die komplette Sendung aus dem WDR-Fernsehen mit einem weit zurückreichenden Archiv.

Wie lange eine Episode online zum Herunterladen bereitsteht, entscheidet der Anbieter selbst. Alle nicht vom Bayerischen Rundfunk stammenden

Radio Tatorte etwa verschwinden nach vier Wochen wieder. Bei Video-Podcasts – das sind große Dateien – hört und sieht man häufig die Arbeit eines Kompressors zum Kleinrechnen der Datei und einige Angebote gibt es daher in zwei oder mehr Qualitätsabstufungen. Die Tagesschau ist dafür ein Beispiel – und auch dafür, dass nicht jeder alles senden darf: Die ARD-Nachrichten schneiden für die Internetausgaben häufig die Bildberichte von großen Sportereignissen aus, weil die Übertragungsrechte für das Internet an andere Anbieter verkauft wurden.

Podcast-Episoden behalten, Abos verwalten und beenden

▶ **Bereits gespielte Podcast-Episoden löschen** sich mit den Standard-Einstellungen von iOS für manchen Anwender zu schnell. Ändern Sie dieses Verhalten in *> Einstellungen > Podcasts außerhalb der App* und *> begrenzen* Sie sich auf die nicht gespielten oder die letzten drei Folgen.

▶ **Für Ihre Lieblingsprogramme** können Sie in der Podcast-App selbst mit der *> Zahnrad-Taste* abweichende Einstellungen treffen. Wechseln Sie dazu in der Ansicht Podcasts auf deren Detailseite und bestimmen Sie die Feinheiten oder beenden Sie das Abo. Wollen Sie Freunde auf Lieblingssendungen hinweisen, können Sie dies über die *> Freigaben-Taste* direkt daneben.

▶ **Ein Wischen von rechts nach links löscht** in der Listenansicht einzelne Episoden von Ihrem Gerät und mehr: So können Sie etwa ganz unterschiedliche Podcast-Episoden zu Ihrem persönlichen Schlummerprogramm in der *> Nächste Titel-Liste* zusammenfassen und bei wachsenden Sammlungen sowie über Gerätegrenzen hinweg eigene Favoritensender definieren.

▶ **Die Technik, um Podcasts selbst zu machen,** halten Sie in der Hand: Ton- und Videoaufnahmen sind für iPhone und iPad kein Problem, das Hochladen zu einem Anbieter geht auch. Nur der Feinschnitt ist hakelig, den macht man besser am Computer.

Für Studenten und Gasthörer: iTunes U

Das technische Vertriebsgerüst von Podcasts, basierend auf RSS-Feeds mit Dateianhängen, nutzt auch iTunes U. Bildungseinrichtungen haben schnell erkannt, dass Podcasts ein wertvolles Instrument sind, um Informationen an Studenten zu verteilen: Statt eines „Readers", den alle Kursteilnehmer kopieren müssen, verteilen immer mehr Lehrkräfte ihre Materialien digital und online als PDF über einen RSS-Feed. Und es gehört wenig dazu, ganze Sprachkurse mit Hörbeispielen und schriftlichem Begleitmaterial so für die Allgemeinheit zu veröffentlichen. Apple hat vor einiger Zeit die Plattform iTunes U dafür geschaffen und den Podcast-Bereich von solchen Bildungsangeboten getrennt. Auch hier gilt: Nicht Apple ist der Anbieter, iTunes stellt bloß die Kataloginformationen bereit. Die Dateien liegen auf den Servern der Bildungseinrichtungen.

iTunes Store: Der Haupteingang ins Medienkaufhaus

Sie haben bereits einige Seiteneingänge in Apples digitalen Laden entdeckt, viele Apps des Herstellers locken Sie mit den Tasten Topcharts oder Highlights in die jeweilige Fachabteilung Musik, Video, App oder auch Buch. Diese App ist sozusagen der Haupteingang in die bunte Medienwelt und lädt zum Stöbern ein. Vielleicht möchten Sie selbst ja einmal – zumindest im kostenlosen Ausschnitt – diese Musiktitel hören oder jene Filme ansehen von den Künstlern, deren Namen Sie immer in der Presse lesen.

In der Regel lässt Apple Sie jedes Musikstück 90 Sekunden probehören (bei Filmen und TV-Serien gibt es immerhin einen Trailer zu sehen).

Verwechseln Sie bitte nicht „iTunes Store" mit iTunes am Computer. Das Gratisprogramm für PC und Mac versteht sich als All-in-one-Lösung: Neben dem Verwalten eigener Medien und dem Synchronisieren von persönlichen Daten zu iOS-Geräten bietet das Programm dort ebenfalls den umfassenden Zugang in Apples Digital-Geschäft: Musik, Spielfilme, TV-Serien und auch E-Books können Sie dort kaufen und an iPhone oder iPad überspielen.

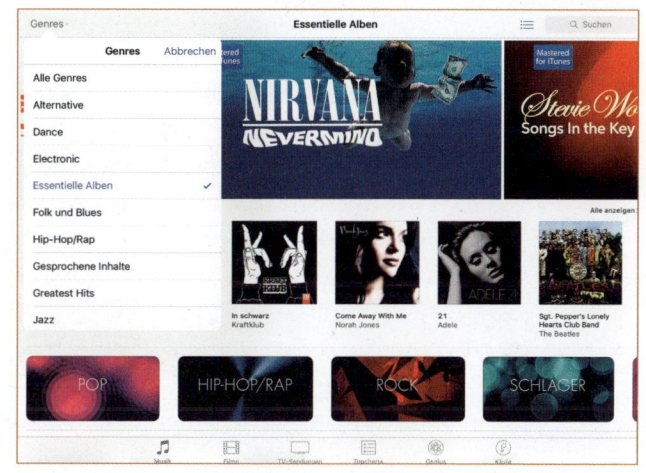

Info

Abo als Alternative: Immer größere Bedeutung gewinnen Film- oder Musik-Flatrates: Von Napster, Watchever und einigen anderen gibt es entsprechende Apps, die sogar den Download auf das iOS-Gerät ermöglichen. Wenig überraschend, dass mit Apple Music nun auch ein Angebot vom Hersteller selbst an den Start gegangen ist. Zurzeit lockt es mit einem dreimonatigen Probeabo. Sie erwerben aber kein Eigentum oder dauerhaftes Lizenzrecht, sondern können Musik nur so lange nutzen, wie Sie auch zahlen (ca. 10 €/Monat). Bei Amazon gekaufte Musik (auch Schallplatte oder CD) können Sie zum Teil über den Amazon CloudPlayer am iOS-Gerät ohne Digitalisieren und Umkopieren sofort hören.

Musik und Video:
Medienplayer suchen Futter

Das wäre ganz nach Apples Geschmack: Musik, Hörbücher und Filme kaufen Sie im iTunes Store ein. Oder Sie werden zahlender Abo-Kunde bei Apple Music. Dazu sind Sie aber nicht gezwungen. Sie können für Ihre Digitaleinkäufe auch andere Anbieter nutzen oder andere Quellen anzapfen, sofern die MP- oder WMA-Dateien keinen Kopierschutz tragen. Selbst Ihre eigene Plattensammlung können und dürfen Sie auf die Geräte kopieren. Sie sind bloß daran gebunden, die kostenfreie iTunes-Software von Apple dafür einzusetzen (www.apple.com/de/itunes/). Diese wandelt (konvertiert) Dateiformate so um, dass iOS sie abspielen kann.

Die Möglichkeiten, die iTunes für Mac und PC bietet, sind sehr umfangreich. Als Einsteiger sollten Sie einfach mit dem Rippen (engl. hier: Runterreißen vom Datenträger) einiger CDs beginnen und währenddessen die programmeigene Hilfe-Funktion aufrufen, um ein wenig mehr zu erfahren:

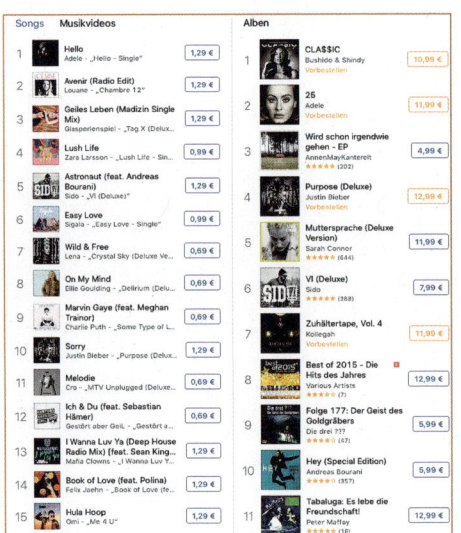

1 Starten Sie iTunes am Mac oder PC.

2 Die Standardeinstellungen sind für den Einstieg gut geeignet, legen Sie einfach eine CD Ihrer Wahl ein.

3 iTunes versucht jetzt, die Titelnamen der CD über das Internet zu ermitteln. Das klappt sehr gut mit gekauften Tonträgern.

4 Das Programm fragt Sie, ob Sie die Titel importieren möchten.

5 Nach einigen Minuten haben Sie Audio-Dateien, mit denen iPhone und iPad etwas anfangen können.

Videos (etwa DVDs) kann iTunes nicht konvertieren und ist darauf
angewiesen, dass Spielfilme oder TV-Mitschnitte bereits als MPEG-
4-Datei vorliegen. Sie tragen Dateiendungen wie .mpg, .mp4, .mov,
.m4v. Achtung: Bei Dateien des Typs .wmv oder .mkv sind iTunes und
die iOS-Geräte ohne Tricks zunächst hilflos. Dann aber genügt es, Videos einfach in das iTunes-Programmfenster zu ziehen. Langspiel-
platten oder Audiokassetten müssen erst digitalisiert werden. Dazu
kann man einen Computer an die Stereoanlage anschließen oder im
Fachhandel Abspielgeräte erwerben, die eigenständig digitale Kopien
von diesen analogen Quellen schreiben. Sie werden dann in der Regel
gleich ins MP3- oder das iTunes-typische AAC-Format umgewandelt.
Sobald Sie Ihr Gerät mit Ihrem Computer verbunden haben, finden
Sie in der linken Spalte von iTunes einen Eintrag zu Ihrem Gerät,
den Sie bitte anklicken. iTunes führt Sie durch die erste Synchronisation, Sie müssen bloß auswählen, was Sie auf Ihr Gerät überspielen wollen und über die Schaltfläche „Anwenden" den Transport
starten. Außerdem überträgt iTunes alle bereits erworbenen Medien (Max und Moritz, Radio-Tatort-Podcast, zusätzliche Apps) in
die Mediathek des PCs. Und jetzt lohnt auch ein Blick in die beiden
Apps Musik und Video, die Sie selbst wahrscheinlich in einen Ordner verschoben haben (siehe „Home-Screen ...", S. 61).

iTunes und die Privatkopie

Man fängt immer im eigenen Medienarchiv an und kopiert dann
die Schätze, z. B. auf einen USB-Stick. Jetzt wechselt man den Com-
puter oder zumindest das Benutzerkonto.
Denn nun kann der Neuling seine eigene iTunes-Instanz befüllen.
Jetzt müssen Sie nur noch alle (oder einzelne) Ordner in das iTunes-
Programmfenster ziehen oder alternativ über den gleichlautenden
Menübefehl zur Mediathek hinzufügen und schließlich per USB-
Kabel synchronisieren.
Diese Trennung ist etwas unkomfortabel, aber sicher: So kann der
Computer des Juniors eine Hilfe für den Senior sein, der in seinem

Benutzerkonto schalten und walten kann, ohne andere Daten zu gefährden. Das sei erlaubt: Ein iPad-Backup am Computer speichert mehr Daten und ist sicherer als iCloud allein.

Musik-App auf iPhone & iPad

Beim ersten Aufruf quengelt sich Apples neuer Musikdienst mehrmals in den Vordergrund. Es ist zwar verlockend, gleich dem freundlichen Angebot von drei kostenlosen Testmonaten zuzustimmen, aber wir möchten Sie zunächst mit den Grundfunktionen der App vertraut machen. Vielleicht wollen Sie ja gar kein Gratis-Test-Abo. Und wenn doch? Den Schalter für die Integration von Apple Music in iOS legen Sie in *> Einstellungen > Musik > Apple Music* zeigen außerhalb der App bitte selbst um.

▶ **Im Hauptfenster** sehen Sie die Cover Ihrer Alben in *> Meine Musik* in einer Liste. Nutzen Sie das Register rechts, um gezielt zu einem Buchstaben zu springen.

▶ **Ändern Sie die Sortierung** z. B. von *> Interpreten* auf *> Alben*.

▶ **Ihre iTunes-Kontoeinstellungen** aufrufen können Sie links oben mit der *> Profil-Taste*.

▶ **Rechts oben** öffnen Sie mit Tipp auf die *> Lupe* die Suche in Ihrem lokalen Bestand oder im Apple-Music-Katalog.

▶ **Ein Social-Media-Dienst** von Apple soll dazu dienen, Künstlern zu folgen, um deren Musik nicht aus den Ohren zu verlieren. Praktisch mit Apple-Music-Abo. Zu finden ist die Funktion unter *> Connect*.

▶ **Es gibt auch Radio** für iPhone und iPad – aber ganz anders, als Sie es kennen. 2015 hat Apple tatsächlich einen eigenen Internet-Radiosender gegründet – und Beats 1 können Sie hier hören. Apple Music-Kunden steigen hier ein, um bestimmte Genres oder Klangfarben im Stream zu empfangen.

▶ **Eigene Wiedergabelisten** können Sie über *> Playlisten* anlegen oder jene aufrufen, die Sie mit iTunes am Computer erstellt haben. Das ist praktisch, wenn Sie mehrere Titel oder ganze Alben nacheinander hören wollen, ohne zum Gerät zu greifen.

▶ **Die Listendarstellung** rufen Sie über die Option *>Meine Musik* auf.

Apple-Music-Kunden erhalten mit *> Für dich* und *> Neu* zwei Einstiegspunkte in den gigantischen Tonkatalog. Damit der Dienst passende Angebote für Sie findet, interviewt er Sie zu Anfang ein wenig. Versäumen Sie nicht, bei Alben oder Hörbüchern regelmäßig ein Herzchen zu setzen, wenn dieser Inhalt Ihnen gefallen hat. Damit steuern Sie die Für-dich-Angebote.

Aus Platzgründen vermeidet das iPhone zunächst, alle Bedienelemente anzuzeigen. Nach Auswahl eines Titels startet die Wiedergabe und der *> Miniplayer* dockt sich unten an. Ein Tipp auf ihn – und schon startet der *> Vollbildmodus*, den man mit der *> Zurück-Taste* oben links wieder auf Minigröße zwingt. Die Bedienelemente zeigen sich erst beim Anspielen eines Titels durch weiteres Antippen. Sicher kommen Ihnen die Symbole von Ihrer Stereoanlage bekannt vor – iOS setzt auf diesen Wiedererkennungswert.

▶ **Pause und Wiedergabe:** Je nach Betriebsart wechselt der Schalter seine Funktion.

▶ **Vor- und Rücklauf:** Springen Sie per Antippen zum nächsten Lied oder zum Anfang des jetzigen Titels und noch weiter zurück. Halten Sie die Taste gedrückt, dann „spulen" Sie wie beim Kassettendeck.

▶ **Bei der Wiedergabe von** Hörbüchern und Podcasts ergänzen Zeitsprungtasten den Vor- und Rücklauf: 10 Sekunden zurück oder eine halbe Minute vorwärts.

▶ **Anpassung der Lautstärke:** Nutzen Sie diesen virtuellen Regler oder die Tasten an der Geräteseite.

▶ **Zeitleiste:** Halten Sie hier den Anfasser, um gezielt zu springen. Je tiefer Sie dabei mit dem Finger fahren, desto kleiner werden bei Links- und Rechtsbewegungen die Sprünge.

▶ **Zufallswiedergabe und Wiederholung:** (De-)aktivieren Sie die Funktionen über die sich kreuzenden bzw. umkreisenden Pfeile.

▶ **Hinter den Tasten** > *Freigaben* und > ... (Mehr) finden Sie weitere Befehle .

Sicher haben Sie beim Ausprobieren schon festgestellt, dass der kleine eingebaute Lautsprecher ganz ordentlich klingt, sogar noch besser, sobald das Gerät flach mit dem Rücken auf einem Tisch liegt und diesen als Resonanzkörper nutzt. Guten Stereo-Eindruck vermitteln aber nur Kopfhörer oder Zusatzlautsprecher – auf den versprochenen Raumklang beim iPad Pro sind wir gespannt.

Info

Die Apps Shazam und SoundHound: „Was läuft denn da gerade?" Apps wie Shazam und SoundHound ermitteln das: einfach ans Radio halten, Tagging starten und nach wenigen Sekunden steht das Ergebnis oft fest. Bei der Ermittlung des sogenannten akustischen Fingerabdrucks hapert's aber bei Klassik, Live-Konzert und Party-Mix. Wer mag, kann sich von der App in den iTunes Store und von dort direkt ins richtige Plattenregal schicken lassen. Auch Siri kennt sich gut mit Musik aus.

Gehen iPhone und iPad in den Standby-Modus und ist der Bildschirm gesperrt, brauchen Sie Ihr Gerät nicht jedes Mal zu entsperren. Ein einfacher Druck auf die Home-Taste zaubert die wichtigsten Controller auf den Sperrbildschirm. Außerdem besitzen viele Kopfhörer (auch der zum iPhone mitgelieferte) im Kabel eine kleine Fernbedienung mit drei Knöpfen: Oben und unten zur Lautstärkeregulierung und der mittlere für Start und Stopp. Drücken Sie sie zwei- oder dreimal, springen Sie einen Titel vor oder zurück.

Video-App auf iPhone & iPad

Im Wesentlichen bedient sich die App Videos derselben Controller wie die Musik-App(siehe „Musik-App auf iPhone & iPad", S. 168) – alles andere wäre unlogisch und untypisch für Apple. Aber natürlich gibt es einige Unterschiede:

► **Videos präsentieren sich** ähnlich wie Alben, Sie wechseln zwischen > *Filmen* und > *TV-Sendungen* in der oberen Leiste. Durch Antippen eines Titels öffnen Sie zunächst ein Informationsfenster. Von dort aus starten Sie direkt die Wiedergabe oder springen zu einem bestimmten Kapitel eines Films oder zur Folge einer TV-Serie, Zugriff auf Kapitel bietet erst das > *Listen-Symbol* im Controller bei der Wiedergabe.

▶ **Mehrere Tonspuren pro Film** – etwa Synchron- und Original-fassung sehen Sie anhand des › *Sprechblasen-Symbol* unten rechts.

▶ **Die schwarzen Balken entfernen** Sie über das Menü › *Zoom-stufe* unten rechts, durch Doppeltippen in das Videobild oder per Zoomgeste.

▶ **Die Helligkeit** regeln Sie stets systemweit in der › *Einstellun-gen-App* (und viel schneller übers › *Kontrollzentrum*).

→ **Akku-Strom ist vergänglich**

Die Videowiedergabe insbesondere bei hoher Helligkeit ist sehr energiehungrig. Bei einer längeren Tagesreise sollten Sie immer das Ladegerät samt Kabel dabeihaben, um im ICE nachtanken zu können. Bei Flugreisen und im Regionalexpress empfiehlt sich ein externer Akku-Pack (USB Power Bank), im eigenen Auto ein USB-Ladegerät für den Zigarettenanzünder.

Fernsehen mit iPhone und iPad

Was ist eigentlich aus dem guten, alten Fernsehen geworden – wie hat es sich verändert ... Heute ist es fast egal, wann man eine Sendung sehen will, denn in den Mediatheken von ARD, ZDF und Co. liegen die meisten Sendungen sieben Tage und länger zum nachträglichen Anschauen bereit. Und natürlich bieten die Apps der beiden öffentlich-rechtlichen Anbietergruppen auch TV-Livestreams aller Regional- und Spartenkanäle an. Bei Ihrem nächsten Besuch im App Store sollten diese beiden Apps unbedingt auf dem Einkaufszettel stehen, denn dieser Service ist in Ihrem Rundfunkbeitrag inklusive. Natürlich sind auch „die Privaten" mit Apps vertreten, aber hier kostet der Zugang meistens etwas. Privatfernsehen ist eben keine Wohlfahrtsveranstaltung. Eine Alternative stellt die App Zattoo dar, bei ihr kommt auch echtes Zapping-Feeling auf – sie verlangt mindestens eine Benutzerregistrierung und verdient Geld u. a. mit Upgrades in HD-Qualität. Die schöne, bunte Fernsehwelt findet aber ihre Schranken im Mobilfunk: Außerhalb des WLANs wird „glotzen" teuer, denn die Datenmengen brauchen flugs auch größere Inklusivvolumina auf.

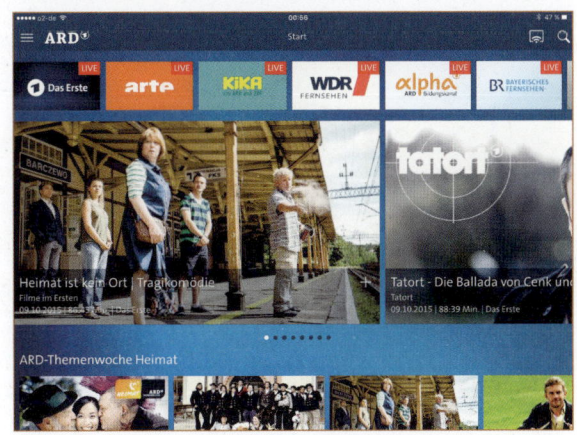

Zum Glück gibt es immer noch Fernsehen per Antenne: Dank der Umstellung auf das digitale Fernsehen DVB-T können Sie überall dort gut mobil fernsehen, wo ein starkes Funksignal zu empfangen ist – ohne Internetkosten! Zu Hause und auf Reisen haben sich sogenannte DVB-T-Hotspots bewährt. Sie empfangen das digitale Antennenfernsehen und leiten den Wunschkanal dann an das iGerät in unbearbeiteter MPEG-2-Qualität per WLAN weiter. Hierfür kann so ein TV-Hotspot der 50-Euro-Klasse auch ein eigenes WLAN für die Parkbank aufspannen – nur die Hersteller-App zum Steuern müssen Sie noch aus dem Store laden und einen Sendesuchlauf starten (die Bedienungsanleitung eines solchen Gerätes führt Sie). Für Kabel und Satellit gibt es ebenfalls Lösungen: Die integrieren sich dann in das Heimnetzwerk, sind nicht transportabel und deutlich teurer.

Für jeden Zweck gibt's eine App

Über eineinhalb Millionen nützlicher, witziger oder total überflüssiger Miniprogramme hält Apples Software-Geschäft für die Nutzer von iOS bereit – und fast jedes Dritte macht von den Darstellungsmöglichkeiten des iPads Gebrauch.

Die unglaubliche Vielfalt im App Store trägt ganz maßgeblich zum Erfolg von iPhone und Co. bei, keine andere mobile Plattform bietet solch eine Auswahl. Für Sie als Anwender bietet der App Store zudem Gewissheit, dass die Programme geprüft sind – auch wenn es im Spätsommer 2015 einen besorgniserregenden Schadsoftware-Fall gab, der für europäische Kunden aber keine echte Gefahr darstellte.

Es gibt auch Grund zur Kritik: Bei diesem Angebot kann man rasch den Überblick verlieren, viele Apps machen dasselbe und unterscheiden sich nur im Preis. Und die AGBs von Apples App Store sind so unglaublich lang, dass kaum ein Verbraucher dieses juristische Kauderwelsch liest – geschweige denn versteht.

Schon vor Jahren hat Apple – auf Druck von Verbraucherschützern und Internetaktivisten – bessere Schutzmechanismen in iOS integriert. Seitdem werden Sie als Anwender stets um Zustimmung gebeten, wenn etwa die Facebook-App Ihre Kontakte durchforstet, um Ihre Freunde im sozialen Netzwerk zu finden. Auch der DB Navigator kann nur noch auf Rückfrage Zugverbindungen in Ihren Kalender schreiben. Das sind nützliche Funktionen, aber nicht jeder will das. So gibt uns die *> Einstellungen-App* zentral unter dem Punkt *>Datenschutz* die Entscheidung zurück, welche App auf welche Daten zugreifen darf. Findet eine GPS-Ortung statt, dann zeigt die Statusleiste dies mit einem Kompassnadel-Symbol auch an. Natürlich soll eine Navigations-App für Straße oder Schiene unseren gegenwärtigen Aufenthaltsort ermitteln, warum aber möchten Apps, die wir für Preisvergleiche im Internet oder für die Musikerkennung aus dem Radio verwenden, dasselbe? Hier hat meist der Anbieter einen Nutzen und weniger der Verbraucher. Letzten Endes haben Sie es in der Hand, ob Sie der handel- und werbetreibenden Wirtschaft kostbare Informationen über Ihr Konsumverhalten überlassen wollen – und das gilt genauso für die vielen Bonuskarten, die Sie für diese Informationen mit schäbigen Prämien entlohnen.

Die Spreu vom Weizen trennen

Gute Apps zu finden ist genauso leicht oder schwierig wie gute Hotels, gute Autos oder gute Lebensmittel. Persönliche Empfehlungen von Freunden oder Kollegen sind eine wertvolle Quelle, ebenso die vielen Fachzeitschriften am Kiosk – und Ihr gesunder Menschenverstand hilft ebenfalls enorm. Darum lassen Sie uns einen weiteren Ausflug in den App Store unternehmen.

Im Überblick: Der App Store und seine Abteilungen

Beim ersten Aufruf des App Store präsentiert er sich mit den *>Highlights*.

▶ **Die beliebtesten Fachabteilungen** listet das iPad gemeinsam mit dem Suchfeld im oberen Bereich, am iPhone wechseln Sie die Abteilung stets über die Taste *> Kategorien*.

▶ **Die momentan erfolgreichsten Apps** finden Sie in den *> Topcharts* – unterteilt nach Gratisangeboten, kostenpflichtigen Apps und solchen, die umsatzstark sind. Letzteres bedeutet: Die App kostet reichlich Geld und wird fleißig gekauft (kann so schlecht wohl nicht sein) und/oder die (möglicherweise kostenlose) App generiert durch In-App-Käufe hohen Umsatz. Ganz typische Vertreter sind Spiele und Zeitungs-Apps: Jedes Level oder jede Ausgabe kostet dort extra. Alle Abteilungen haben eigene Charts, der Massengeschmack kann auch Sie leiten. Achten Sie auf die Preisschilder: Ein kleines „+" zeigt an, dass die App sowohl auf dem iPhone als auch am iPad optimal läuft. Haben Sie jetzt oder später mehrere iOS-Geräte, sparen Sie mit der Wahl dieser Universal-Apps nicht nur Geld, sondern auch Einarbeitungszeit. Programme für das iPhone arbeiten stets auch auf dem iPad – sind in der Darstellung aber nicht optimiert. Umgekehrt wird kein Schuh draus – denn manche Apps benötigen einfach den größeren Platz auf dem Bildschirm des iPads.

▶ **Lokal beliebte Apps** zeigt Ihnen das Gerät unter *> Entdecken* an (an Bahnhöfen im Ausland bestimmt Apps der dortigen Eisenbahnen). Mit *> Sammlungen* sowie mit dem *> Kategorien-Baum* lädt es Sie zu bestimmten Themen zum Stöbern ein.

▶ **Alle Ihre gratis geladenen oder gekauften Artikel** sehen Sie in *>Käufe* auf einen Blick. Haben Sie eine App mal gelöscht, können Sie sie hier wieder laden – ohne Zusatzkosten und auch auf anderen iOS-Geräten, die mit Ihrer Apple-ID verknüpft sind.

▶ **Updates im App Store** betreffen immer die installierten Apps (Softwareaktualisierungen für iOS erhalten Sie in der Einstellungen-App). Mal werden kleine Fehler beseitigt, dann sind Anpassungen an neue iOS-Versionen nötig, oft lernen Apps mit Updates neue Funktionen hinzu. Am bequemsten ist es mittlerweile, Updates vollautomatisch zu laden und zu installieren (*> Einstellungen > iTunes & App Store > autom. Downloads für Updates*). Mit Tipp auf „Mehr" bei den einzelnen Updates erfahren Sie, was sich geändert hat. Diese Updates sind immer kostenlos. Deutlich weiterentwickelte Apps stellt der Entwickler in der Regel als neue Version zum Kaufen in den App Store ein.

Sobald Sie eine interessante App gefunden haben, sind Bewertungssterne und Rezensionen anderer Nutzer sehr hilfreich. Zwar zeugen viele Beiträge von Unverständnis, aber aus der Menge lässt sich gut ein Trend ablesen: Hat nur die aktuelle Version Probleme oder stößt das Produkt seit Monaten auf unzufriedene Kunden? Funktioniert die App auf älteren Geräten schlecht? Was sagt eigentlich die App-Beschreibung? Ist Sie bloß in Englisch oder holprigem Deutsch? Die App selbst muss deswegen nicht schlecht sein, aber lassen Sie Vorsicht walten bei kostenpflichtigen Titeln. Schauen Sie nach, ob es eine kostenlose Version gibt, die zwar nicht alles kann oder mit Werbung nervt, Ihnen aber einen Eindruck vermittelt, ob die Umsetzung (und Übersetzung) gefällt.

Neue App – neue Fragen

Sobald eine App den Weg vom Store auf Ihr Gerät gefunden hat, ist sie bereit zur Arbeit. Beim ersten Aufrufen werden Sie aber oft gefragt, ob Sie Push-Benachrichtigungen erlauben wollen, GPS-Ortung oder einer Lockerung des Datenschutzes auf Ihrem Gerät zustimmen wollen – etwa weil eine Chat-App auf das Mikro oder die Facebook-App auf die Kontakte-Datenbank zugreifen möchte. In *>Einstellungen >Datenschutz* können Sie das jederzeit nachträglich regeln.

Pixelfänger: die eingebaute Kamera

Eigentlich kann jeder ein Foto knipsen. Aber machen wir uns nichts vor: Wer ein leidenschaftlicher Fotograf mit Spiegelreflexkamera ist und ständig das Objektiv wechselt, wird mit einem Handyfoto nie wirklich zufrieden sein. Kurz: Die eingebaute Kamera ist kein Ersatz für einen hochwertigen Fotoapparat, kann im Ergebnis dennoch mehr als zufriedenstellend sein und ersetzt ab dem iPhone 4 durchaus eine billige Knipse. Und das Beste: Sie können die Bilder nicht nur an Ort und Stelle mit entsprechenden Apps bearbeiten, sondern vor allem auch gleich verschicken.

Doppelt schießt besser

Seit iPhone 4 und iPad 2 besitzen die Apple-Geräte zwei Kameras. Die eine Kamera liegt auf der Rückseite der Geräte, links oben in der Ecke. Um zu fotografieren, richten Sie die Linse bei geöffneter Kamera-App auf ein Motiv, sehen durch die Anzeige den Ausschnitt, tippen auf die Stelle, die scharf gestellt werden soll, und drücken dann auf den runden Auslöseknopf.

Alternativ können Sie auch die Lautstärketasten am Gehäuserand als Auslöser verwenden – da kommt sogar ein wenig Fotoapparat-Feeling auf uns zu. Sie halten die Kamera auch stabiler. Die andere Kamera wiederum hat nur Sie im Blick und liegt oben über dem Bildschirm. Damit können Sie Selbstporträts (die sogenannten Selfies) anfertigen oder einen schnellen Schnappschuss mit einem Liebsten im Arm. Mit einem kleinen Schieber in der App stellen Sie die Kamera von Foto auf Video um.

Schnappschuss: Fix die Kamera klarmachen

Sie können die Kamerafunktion direkt aus dem Sperrbildschirm aufrufen. Schieben Sie einfach das Kamerasymbol aus der rechten unteren Ecke hoch. Ohne Code-Eingabe und Herumsuchen.

Im Überblick: Kamera-Funktionen

► **Blitz:** Wahlweise ein- und ausschaltbar, bislang nur bei den iPhones.

► **HDR:** ein spezieller kontrastverstärkender Modus. Toll in der Dämmerung!

► **Stoppuhr:** Hier beginnt der Countdown für den Selbstauslöser. Verschiedene Zeiten sind möglich

► **Kameras mit Pfeilen:** Hier wechseln Sie die Perspektive von außen nach innen und umgekehrt.

► **Filter:** Option für spezielle Effekte

► **Kleines Foto unten:** Miniaturansicht des letzten Fotos und Zugriff auf das Fotoalbum.

► **Runde Taste:** der Auslöser. Ebenfalls als Auslöser fungieren die beiden Lautstärketasten außen am Gehäuse.

► **Schieberad:** Wechsel zwischen den Kameramodi (je nach iPhone-Modell) Slowmotion-Video, HD-Video, Foto, Quadratfoto und Panorama.

► **Schieberegler im Sucher:** Damit können Sie ein Bild näher heranholen (Zoom).

Der digitale Zoom und die Optik

Im Vergleich zu einer analogen Kleinbildkamera fällt die Optik, also der Linsenapparat zwischen Gehäuseunterseite und dem Bildsensor, geradezu liliputanisch aus. Da aber der Bildchip auch viel kleiner ist als eben der Kleinbildfilm (24 x 36 mm), kann so eine kurze Optik überhaupt mit den Gesetzen der Physik d'accord gehen. Die große fixe Blende (f2,2 ab dem iPhone 5s) garantiert hohe Lichtausbeute und kurze Verschlusszeiten im Halbdunkel. Und bei einer 12-Megapixel-Ausbeute am iPhone 6s kann man sein Fotomotiv auch durch das Beschneiden der Ränder hervorarbeiten. Wo professionelle Kameras aber abblenden und so auch mit der Tiefenschärfe spielen können, kann das iOS-Gerät allenfalls die ISO-Empfindlichkeit herunterstufen.

Schade ist bei Handykameras generell, dass sie keinen optischen Zoom besitzen, aber das stellt bei der Größe der Optik unerhörte Anforderungen an jeden Gerätehersteller. So müssen Handykameras mit einer festen Brennweite arbeiten, im Vergleich zum Kleinbildsystem 30–35 mm, also ein weitwinkliges Objektiv. Irgendwie sehen alle Menschen im Porträt dann leicht nach Frosch aus – noch schlimmer ist's mit der Frontkamera. Und in solchen Situationen hilft auch kein Digitalzoom: Er rechnet bloß den gewünschten Bildausschnitt groß – das könnten Sie am PC mit Photoshop & Co. auch selbst machen.

Gut zu haben: der Digitalzoom

1 Wählen Sie Ihr Motiv aus.

2 Mit Spreiz- und Kneifgesten steuern Sie die Vergrößerung. Etwas feiner gelingt das über den jetzt eingeblendeten Zoomregler. Ruhig halten, Bild komponieren, eventuell ein weiteres Mal autofokussieren lassen und auslösen.

Gegen das Verwackeln: das iOS-Gerät auf einen festen Untergrund stellen, damit das Bild nicht verwackelt. Aber bitte nicht das Gehäuse verkratzen!

Schon entwickelt: Der digitale Schnappschuss

Tippen Sie noch in der Kamera-App auf die Taste mit der letzten Aufnahme (unten links im Hochformat). Von hier aus entscheiden Sie weiter, was Sie mit dem Ergebnis tun, zum Beispiel über die >*Freigebentaste* Fotos gleich per Mail zu versenden oder in Farbe auszudrucken. Sie können mit dem Finger schnelle Wischbewegungen nach links und rechts machen, um die letzten Schnappschüsse zu sichten. Seien Sie hart mit sich: Fotos, die nichts geworden sind, gehören sofort in die Tonne, sonst überrollt Sie bald eine Flut von eigentlich schlechten Bildern auf dem Computer.

Bessere Bilder machen

Die Handhabung von iPhone und besonders iPads beim Fotografieren ist für unsere Hände ziemlich unpraktisch, da wünscht man sich genau den „guten" Apparat herbei, den man leider zu Hause vergessen hat. Dieses Manko ist nicht wegzureden – aber auch mit guten Kameras kann man hervorragend schlechte Fotos schießen, trotz aller Drehknöpfe und Halbautomatiken. Ausschlaggebend für ein besseres Foto und ein gutes Video ist, den richtigen Moment optimal einzufangen:

▶ **Ran ans Motiv:** Wildschweine im Freigehege dicht herankommen lassen, nicht die Rotte aus der Ferne fotografieren. Das schwarzbraune Hauptmotiv sackt in den kontrastarmen Herbstfarben sonst völlig ab. Geduld. Denn dicht dran am Motiv ergeben sich aufregend neue Perspektiven.

▶ **Vordergrund** macht Bilder rund. Jedes übliche Foto hat mindestens zwei Ebenen, Motiv (Person) und Hintergrund (Tapete, Himmel, Schrankwand). Für den Eindruck von Räumlichkeit braucht unser Hirn eine dritte Ebene – den Vordergrund. Das kann auch ein verrosteter Fahrradlenker im Anschnitt vor einem prächtigen Gebäude mit dahinterliegender Straßenschlucht oder der Strandhafer vor dem verträumt auf das weite Meer blickende Lebenspartner sein.

▶ **Goldener Schnitt:** Achten Sie bei der Bildkomposition darauf, dass nicht das Hauptmotiv vertikal bildmittig und nicht der Horizont in der Waagerechten bildmittig sind. Die meisten Fotos profitieren in unserer Wahrnehmung vom sogenannten Goldenen Schnitt und lassen besonders Landschaftsaufnahmen harmonisch aussehen. Legen Sie den Horizont entweder auf Höhe 1/3 oder 2/3 und positionieren Sie sich dann für das Motiv so, dass es vertikal betont links oder betont rechts im Bild ist. Für gute Tierfotos geht man auch mal in die Hocke – Perspektive wechseln.

▶ **Stürzende Linien vermeiden:** Der ehrwürdige Dom vom Vorplatz aus im Hochformat irgendwie ins Display gequetscht sieht immer unnatürlich aus. Wir nehmen den Dom als sich gerade emporstreckend wahr, im Bild sieht er dann aus wie eine Mittelstreckenrakete. Bei der Architekturfotografie im Stadturlaub heißt es mindestens: „Arm mit iPhone hoch!", um durch die Höhe gegenzusteuern. Oder gar: „Weg vom Motiv!", damit gerade Säulen und rechte Winkel nicht zu sehr zur Bildmitte „stürzen", also perspektivverzerrend sind. Neue Chancen für die Bildkomposition nutzen: Querformat mit Vordergrund.

► **Licht,** Licht und nochmals Licht. iPhone-Besitzer dürfen sich freuen, dass sie eine Fotoleuchte haben. Das ist schon eine große Hilfe! Noch besser: Tageslicht, künstliches Deckenlicht und spontan umfunktionierte Spots und Punktstrahler, auch LED-Taschenlampen.

Bei der Bildkomposition kann ein (im späteren Foto unsichtbares) 3x3- *> Raster* sicher helfen. Aktivieren Sie es außerhalb der App in *>Einstellungen > Fotos & Kamera*. Dort legen Sie auch fest, ob bei den Hochkontrastaufnahmen (HDR) alle Einzelbilder (drei pro HDR-Aufnahme) oder nur die errechneten Ergebnisse gespeichert werden.

Fotos lernen laufen: Videos drehen

Ein gelangweilter Ingenieur könnte Ihnen jetzt sagen: „Filmen? Ja, das ist genauso wie fotografieren, nur dass Sie zweimal auf den Auslöser tippen müssen – zum Starten und zum Stoppen." Und das mit bis zu 120 Bildern pro Sekunde am iPhone 5s in der Superzeitlupe, am iPhone 6s in atemberaubender 4k-Qualität, aber auch schon mit dem Modell 4S in HD-Qualität und mit Bildstabilisator. Um in den Video-Modus zu schalten, müssen Sie lediglich das Modus-Wahlrad von einem der Foto-Modi auf Video drehen. Das war's auch schon – und nicht vergessen, das Modus-Rad wieder auf den Foto-Modus umzustellen, sonst ärgert man sich beim nächsten Schnappschuss.

Gute Schwenks und die Dramatik von Bildausschnitt und Zoom wollen gelernt sein, grundsätzlich gelten aber auch unsere Foto-Tipps. Und: Drehen Sie Videos nie im Hochformat – denn wollen Sie zu Hause den Fernseher umwuchten?

Ihre selbst gedrehten Filme finden Sie anschließend in der Video-App wieder – und die Fotos in der Fotos-App. Dort können Sie auch einige wichtige Bearbeitungen vornehmen. Die wichtigsten Tricks zeigen wir Ihnen im folgenden Kapitel.

Fotos:
Die Galerie der Meisterwerke

Die App mit Farbfächer ist Ihr Fotoalbum für unterwegs. Darin tragen Sie nicht nur die Bilder herum, die Sie gerade geknipst haben, sondern können über die Synchronisation via iTunes oder iCloud Ihre Lieblingsbilder oder Urlaubsaufnahmen vom Computer übertragen. Das ist bestimmt hübscher als im Portemonnaie!

Beginnen Sie, indem Sie einen Schnappschuss von vorhin aufrufen: *> Home > Fotos > Alben > Alle Fotos > Foto wählen*.

In der Detailansicht können Sie jetzt die Taste *> Bearbeiten* wählen – oder wieder einen Schritt *> zurück* gehen.

Im Überblick: die kleine Bildbearbeitung

▶ **Abbrechen:** Sie können den Vorgang jederzeit abbrechen.

▶ **Sichern:** Speichern Sie die Änderungen.

▶ **Drehen:** Damit kippen Sie das Bild in verschiedene Richtungen.

▶ **Verbesserungen:** Kann flaue Bilder bezaubernd aufpeppen.

▶ **Rote Augen:** Beseitigt rote Augen bei Blitzlichtaufnahmen. Zoomen Sie ins Bild hinein, um das Auge genau zu treffen. Beschneiden: Hilft Ihnen beim Festlegen eines Ausschnitts.

Natürlich können die Fotos auch über die *> Freigaben-Taste* ausbrechen und von Ihnen mit anderen Facebook- oder Flickr-Freunden geteilt werden. Per Mail geht das auch genauso wie per iMessage/MMS. Außerdem können Sie:

▶ **ein Foto nachträglich einem Kontakt zuweisen** – dann sehen Sie Ihren Gesprächspartner schon vor dem Abheben

▶ **ein Hintergrundbild** für Ihren Home-Screen festlegen

▶ **via AirPrint** drucken

▶ **mehrere markierte Bilder** in der Auswahlleiste als Diaschau präsentieren

▶ **die Bilder auf dem Fernseher** via AirPlay präsentieren

▶ **die Bilder kopieren,** um sie in einer anderen App (Pages, Keynote) weiterzuverwenden

Auf zwei Möglichkeiten des Teilens möchten wir Sie an dieser Stelle besonders hinweisen.

AirDrop:
Schnell mal rüberbeamen

Bis iOS 6 war das Tauschen von Bildern und anderen Dateien von einem iOS-Gerät zum anderen eher mühselig, das hat Apple mit einer Kombination aus Bluetooth, WLAN und Kontakte-Verzahnung extrem erleichtert, AirDrop funktioniert aber nur mit den leistungsstärksten, neuen Modellen und mit Mac-Computern.

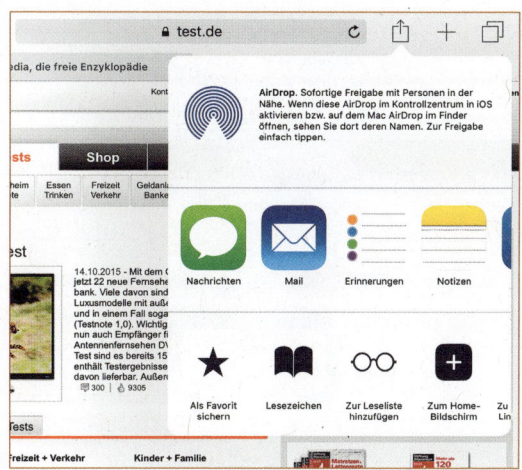

iCloud-Fotomediathek und Fotostream

Sie nutzen nach Standardeinstellungen auch die iCloud-Fotomediathek. Sie sorgt dafür, dass neue Fotos und Videos kabellos über den Umweg der Apple-Server vom Mobilgerät auf den Computer wandern. Sie können sich das auch auf www.icloud.com gern ansehen – die Fotos bleiben in der Wolke. Wenn nun Ihre Fotos sowieso schon für Sie persönlich ganz privat im Internet liegen, warum nicht auch anderen eine Auswahl der schönsten Urlaubsfotos zeigen? E-Mail ist dafür ungeeignet, schon wenige angehängte Fotos in feiner Qualität können ein Postfach verstopfen, und eine Filmdatei braucht Bandbreite – aber die Freunde in der Heimat könnten sich die Onlinekopien ansehen. Die schlanke E-Mail-Benachrichtigung gibt's automatisch dazu. Probieren Sie das mit Testbildern ruhig aus.

Fotolabor und Schnittraum

Neben dem Office-Paket (siehe „Kleine Helfer ...", S. 121) legt Apple seit iOS 7 auch noch eine mobile Version der Schnittsoftware iMovie für Ihre selbstgedrehten Filme bei. Aber auch ohne iMovie können Sie Ihre Drehs ein wenig bearbeiten: Anfang und Ende eines Films, die meistens verwackelt sind, wegschneiden, also auf das Wesentliche trimmen, so der Fachausdruck. Basisfunktionen der Bildbearbeitung haben Sie gerade selbst in der Foto-App ein wenig ausprobiert.

Warum wir den Verzicht predigen? Mit jeder App belegen Sie auch kostbaren Flash-Speicher, allein iMovie nimmt ein knappes Gigabyte für sich in Anspruch – Platz, der Ihnen vielleicht für Fotos, Musik oder Kartenmaterial fehlt. Informieren Sie sich bei Apple unter www.apple.com/de/support/ios über diese wirklich tollen Programme, die sonst zusammen neun Euro kosten. Löschen Sie sie nach einiger Zeit ruhig, wenn Sie feststellen, dass Sie mit diesen Apps gar nicht arbeiten. Und wenn Sie es doch wieder möchten, installieren Sie sie kostenfrei aus dem App Store nach.

Finale

Herzlichen Glückwunsch, Sie haben Ihre persönliche Abenteuerreise durch „Neuland" gemeistert und dürfen stolz auf sich sein. Bleiben Sie am Ball und geben Sie Ihre neuen Kompetenzen nicht wieder her, schulen Sie sie täglich und machen Sie iPhone und iPad zu Dingen des täglichen Lebens.

Auf den folgenden Seiten geben wir Ihnen im Glossar und bei der Erläuterung der Einstellungen noch viele Tipps für einen individuelleren Umgang mit iOS und schärfen Ihr Verständnis zum vielschichtigen Thema Sicherheit.

Vielleicht möchten Sie unseren Kursus ein weiteres Mal von null durchspielen – oder ein Angehöriger? Beschäftigen Sie sich bitte im Glossar mit dem Thema Backup und wagen Sie dann selbstbewusst das Zurücksetzen auf Werkseinstellungen. Sie üben damit auch, ein Backup Ihrer Daten auf Ihr Gerät zurückzuspielen. Solange wenige Daten gespeichert sind, ist der Zeitpunkt zum Training günstig.

Erleben Sie Ihr iOS-Gerät unterwegs: Planen Sie einen Ausflug ganz bewusst elektronisch (Karten, Kalender, DB Navigator oder Auto-Navigation) und erfahren Sie mit Wikipedia mehr über die Sehenswürdigkeiten Ihres Ausflugziels. Nehmen Sie Familienmitglieder mit oder teilen Sie Ihre Erlebnisse mit anderen. Bestimmte Dinge kann man unterwegs erledigen, andere konzentriert zu Hause.

Folgen Sie Ihrer Neugierde und lassen Sie Ihren gesunden Menschenverstand walten. Viel Spaß!

Das große ABC

Auf den nächsten Seiten finden Sie jede
Menge Hinweise und Tipps, wie Sie iPhone
und iPad nach Ihren eigenen Wünschen
anpassen. Dazu gehören auch Tipps für
schwache Augen und müde Ohren. Außerdem erfahren Sie Wichtiges zu den Themen
Sicherheit und Internet-Nutzung – zu Hause
und unterwegs.

Gut zu wissen von A bis Z

Wenn Ihnen ein Fachbegriff fremd vorkommt oder Sie zu einer bestimmten Einstellung in iOS mehr erfahren wollen, dann sind Sie hier richtig. Zur Erinnerung: Bei iPad-Modellen ohne Mobilfunk und dem iPod touch fehlen natürlich die spezifischen Einstellungsmöglichkeiten für das Unterwegs-Internet.

2G, 3G, 4G

▶ **2G (GPRS, EDGE),** die zweite Generation des Mobilfunks, ist die erste der digitalen Ära: Zunächst waren Datenübertragungen nur mit ca. 10 kBit/sec möglich. GPRS und EDGE erweiterten die Internetfähigkeit des Mobilnetzes. Angezeigt werden die Varianten mit GPRS bzw. E in der Statuszeile.

▶ **3G (UMTS),** die dritte Generation, erlaubt Datenverkehr mit rund 350 kBit/sec (UMTS). Die Weiterentwicklung HSPA sorgt mit typischen 7000 kBit/sec beinahe für DSL-Geschwindigkeit. Nutzen viele Anwender in einer Funkzelle gleichzeitig das Internet, sinkt die Bandbreite für jeden einzelnen Teilnehmer deutlich.

▶ **4G (LTE)** ist der jüngste Spross des Mobilfunks, der einen noch schnelleren Zugang zum Netz ermöglicht.

3D-Touch

▶ *Einstellungen > Allgemein > Bedienungshilfen:* Das neue iPhone 6s kann die Stärke eines Drucks auf den Touchscreen auswerten und iOS Ihnen damit neue Wege der Interaktion anbieten. Was am PC gut mit der rechten Maustaste funktioniert, funktioniert mit iOS und einem sanften Druck auf ein Symbol, z. B. das App-Symbol der Kamera, um die „Selphy"-Funktion gezielt aufzurufen. Innerhalb von Listen und Dokumenten aller Art können mit sanftem Druck weitere Details angezeigt werden, ein Beispiel ist das „Peek & Pop" in der Mail-App.

AirDrop

Das ist eine neue Apple-Technik zum einfachen „Beamen" von Dateien jeder Art auf einen Mac oder iOS-Gerät. Rufen Sie in Verbindung mit einer Freigabetaste auf und benötigt Bluetooth und WLAN. Sie können Ihre AirDrop-Bereitschaft auf Ihre Freunde und Kollegen in der Kontakte-Datenbank einschränken.

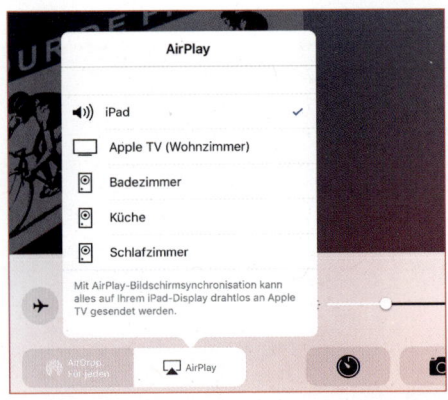

AirPlay

AirPlay beherrscht die synchrone Wiedergabe von Musik auf mehreren Geräten – als würden Sie in mehreren Räumen die Radios anmachen und denselben Sender hören. Dafür braucht es aber kompatible Gegenstellen: Aktiv-Lautsprecher, Hifi-Receiver oder Fernseher, die ebenfalls AirPlay beherrschen. Die Musik- oder Videodaten werden per WLAN oder Netzwerkkabel übertragen, am iOS-Gerät aktiviert man es im Kontrollzentrum. Apples WLAN-Router Airport Express und die Set-Top-Box Apple-TV sind ein kostengünstiger Einstieg in diese Technik.

AirPrint

Es ist eine Spezialität der iOS-Geräte, dass sie drucken können – ohne Druckertreiber. Der Pferdefuß: Es braucht dafür einen besonderen WLAN-Drucker. AirPrint heißt diese Funktion, die mittlerweile seit 2012 bei allen netzwerkfähigen Druckern oder Multifunktionsgeräten zum Standard der Mittelklasse gehört. Die Druckaufbereitung – sonst Job des PCs und der Druckertreiber – erledigt nun der Drucker selbst, sobald man über eine Freigaben-Taste in einer App den Befehl dazu gibt. Mit Apps vom Druckerhersteller kann man oft mehr Zusatzfunktionen vom jeweiligen Gerät nutzen, etwa den eingebauten Scanner. Ist der eigene Drucker nicht kompatibel, dann kann Zusatzsoftware für Mac oder PC (z.B. Printopia, Fingerprint) in die Bresche springen. Sehr bequem und in der Qualität dem Druck zu Hause um Längen überlegen sind die Digitalfoto-Stationen bei Drogisten und Fachhändlern (Ladekabel mitnehmen!), wenn es darum geht, aus Urlaubsbildern schöne Erinnerungen auf Papier zu machen.

App

Eine App ist ein Programm, das aus dem App Store heruntergeladen oder von iOS mitgeliefert wird. Apps besitzen meistens Einstellungen innerhalb der App selbst, können aber wie die iOS-Apps auch ihre Schalter in der Einstellungen-App ablegen. Häufig ist es so, dass Apps dann dort Wartungsfunktionen hinterlegen. Wenn beispielsweise die interne Datenbank des DB Navigator von der Bahn ins Straucheln kommt, können Sie möglicherweise in den Einstellungen dort gar nichts mehr richten, weil die App ständig abstürzt. Dann ist man froh, hier eine Option zu finden, um das Programm einmal komplett zurücksetzen zu können.

App Store

Die gleichnamige App ist der zentrale Ort, um sich neue Programme auf iPhone und iPad zu laden. Hier empfangen Sie auch Updates (das können Sie automatisieren: *> Einstellungen > App und iTunes Store* und automatische Downloads für *> Updates* einschalten). Suchen Sie als iPad-Anwender gezielt nach einer App, die es

nur für iPhones gibt, müssen Sie das dem App Store oder der Suchfunktion gezielt sagen: Schalten Sie in der Ergebnisliste von „iPad"
auf „iPhone" um. iPhone-Apps laufen auf iPads in einem Kompati-
bilitätsmodus.

Apple-ID

Die Apple-ID ist Ihr persönliches Benutzerkonto bei
Apple. Sie besteht aus Ihrer E-Mail-Adresse (nicht zwingend von iCloud) und wird geschützt von einem Passwort. Alle Käufe bei Apple – ob mit oder ohne DRM –
sind an diese ID gebunden und nur für Sie persönlich
nutzbar. Mit iOS 8 wurde die Nutzung per Familienfreigabe eingeführt.

Apple Pencil

Lange war bei Apple die Eingabe per Stift verpönt. Nun hat man
sich zurückbesonnen und spendiert dem großformatigen iPad Pro
ein digitales Zeichen- und Schreibgerät. Es soll für etwa hundert Euro in den Handel kommen.

Apple-TV

Die Set-Top-Box verbinden Sie mit einem HDMI-Anschluss (nicht
SCART!) Ihres Flachbildfernsehers und ggf. mit dem digital-opti-
schen Toneingang des Hifi-Receivers. Nach kurzer Konfiguration
(WLAN, Apple-ID) können Sie nahezu alle Inhalte vom iOS-Gerät an
Apple-TV übergeben, sehen also aus den ARD- und ZDF-Mediathe-
ken Lieblingsserien „in groß" und können auch Surround-Ton ge-
nießen. Die vierte Generation punktet mit stärkerer Hardware und
Siri-Unterstützung.

Apple Watch

Mit dieser „Smartwatch" (schlaue Armbanduhr) betritt Apple
gleichzeitig den Schmuck- und den Fitnessmarkt. Leider ist das Ge-

häuse nicht wasserdicht, sondern „nur" spritzwasserfest. Sie spielt ihre Stärken erst in Kombination mit einem iPhone (ab Modell 5) aus, an das es per Bluetooth und WLAN gekoppelt ist. Sensoren ermitteln Bewegung, Beschleunigung und Herzschlag und geben diese auch weiter an Apps wie etwa „Health" und Healthkit. Als „verlängerter Arm" eines iOS-Geräts kann es auf dies auch fernwirken und Sie damit etwa Musikwiedergabe steuern (AirPlay), SMS beantworten oder Telefonanrufe annehmen oder abweisen. Ohne einen iOS-Partner ist es „bloß" eine elegante Digitaluhr mit Sportfunktionen, aber ohne Mobilfunknetz- und Internetzugang. Das Einstiegsmodell kostet 400 Euro, Links- und Rechtshänder können die Uhr gleichermaßen gut bedienen.

Ausrichtungssperre & Ton aus

▶ *Einstellungen > Allgemein > Ausrichtungssperre:* An dieser Stelle können Sie dem Schalter am Gehäuse des iPads entweder die Funktion zuweisen, dass der Bildschirm nicht mehr automatisch gedreht wird, oder festlegen, dass hiermit die Tonwiedergabe unterdrückt wird. Für Ausrichtungssperre und Lautstärke bzw. Ton aus gibt es virtuelle Schalter im Kontrollzentrum – auch für iPhones.

Automatische Sperre

▶ *Einstellungen > Allgemein > Automatische Sperre:* Um Ihr iPhone oder iPad zu nutzen, müssen Sie es fast jedes Mal entriegeln. Nach einer Weile ist es dann wieder gesperrt. Stellen Sie den genauen Zeitraum ein, wann das Gerät nach der Nutzung automatisch in Schlummer fallen und den Bildschirm vor Fehleingaben schützen soll. „Nie" saugt relativ schnell den Akku leer.

Backup

Per iCloud macht Ihr Gerät im Schlummermodus regelmäßige Backups, sobald es mit einem WLAN und dem Netzteil verbunden ist. Manuell stoßen Sie das in den Einstellungen zu iCloud an. Empfehlenswert ist immer in regelmäßigen Abständen und vor einer iOS-Softwareaktualisierung oder dem Zurücksetzen ein zusätzliches Backup mit einem Computer per iTunes. So werden noch viel mehr Daten gesichert, das Wiederherstellen ist einfacher, auch weil alle Passwörter mitgespeichert werden. Dazu ist aber notwendig, mit einem zusätzlichen Klick in iTunes das Backup zu verschlüsseln. Mithilfe von iTunes können Sie dann dasselbe oder ein neues Gerät mit den alten Daten wiederherstellen.

Balance

▶ *Einstellungen > Allgemein > Bedienungshilfen:* Für die Benutzung mit Kopfhörern gleichen Sie hier mit dem Links- und Rechtsschalter das Defizit des schwächeren Ohrs aus.

Bandbreite

Die Bandbreite sagt aus, wie viele Daten Sie empfangen (Downlink) oder senden (Uplink) können. Bei einem Standard-DSL-Anschluss sind dies 16 Millionen Bit (down) und 1 MBit pro Sekunde (up). Bei mobilen Daten-Verbindungen und über TV-Kabel besteht häufig eine technisch bedingte Diskrepanz zwischen Theorie und Praxis.

Bankgeschäfte im Internet

Viele Verbraucher scheuen sich, Ihre Bankgeschäft per Internet zu erledigen und bezahlen das mit hohen Gebühren. Dabei kann Onlinebanking durchaus sicher sein, wenn man solch wichtige Jobs einer spezialisierten App anvertraut. Sie kommuniziert extrem sicher per HBCI mit den Bankrechnern und ist deswegen immun gegen Phishing-Versuche. Weitere Sicherheit gibt die Zwei-Faktor-Autorisierung, denn die Bank schickt Ihnen auf das Handy eine SMS mit einer nur wenige Minuten gültigen Transaktionsnummer, mit der Sie dann in der App etwa eine Überweisung vollends abschließen können. Ihre erste Wahl sollte stets auf die App fallen, die Ihre Bank im App Store führt, Anwender mit mehreren Konten bei unterschiedlichen Banken greifen besser zu einem Universalisten: Testsieger bei „Finanztest" ist „Outbank DE". Mehr dazu auf URL test.de/thema/onlinebanking/

Batterie

▶ *Einstellungen > Batterie:* Hier erfahren Sie, welche Apps den Akku besonders gefordert haben. Außerdem schalten Sie hier den neuen Stromsparmodus ein, der sämtliche Prozesse der Hintergrundaktualisierung und einiges an Schnickschnack mehr deaktiviert. Bei Erreichen einer Untergrenze (am iPhone 20 %, am iPad 10 % verbleibende Akkuladung) informiert eine Meldung darüber und bietet den Sparmodus an – schaltet aber nicht selbstständig um.

Bedienungshilfen

▶ *Einstellungen > Allgemein > Bedienungshilfen:* Von der kleinen Nützlichkeit bis hin zum Ausgleich schwerer körperlicher Handicaps kann iOS das System anpassen. Nicht als Bedienungshilfe gezählt werden der Querformat-Modus, die Textkorrektur und der Safari Reader, obwohl sie große Hilfen sein können. Ausführlich geht das iOS-Handbuch auf alle Bedienungshilfen ein.

‹ Allgemein **Bedienungshilfen**	
HÖREN	
Hörgeräte	›
LED-Blitz bei Hinweisen	◉
Mono-Audio	○
Geräuschunterdrückung	◉

Mit der Geräuschunterdrückung werden Umgebungsgeräusche bei Telefonaten unterdrückt, wenn Sie das Telefon ans Ohr halten.

L ———————— R

Die Lautstärkebalance zwischen den linken und rechten Kanälen anpassen.

‹ Allgemein **Bedienungshilfen**	
SEHEN	
VoiceOver	Aus ›
Zoom	Aus ›
Farben umkehren	◉
Graustufen	○
Sprachausgabe	›
Größerer Text	Aus ›
Fetter Text	○
Tastenformen	○
Kontrast erhöhen	›

Bedienungshilfen-Kürzel

▶ *Einstellungen > Allgemein > Bedienungshilfen:* Das bestimmt, welche Bedienungshilfe bei einem Dreifachklick der Home-Taste aufgerufen wird. Wer sein iPad gern kurz anderen zum Surfen ausleiht, sollte > *Geführter Zugriff* aktivieren, dann wird diese Funktion dem Dreifachklick zugeordnet.

Bluetooth

Bluetooth ist ein kabelloses Funkverfahren, wenn Sie mit iPhone oder iPad eine Freisprechanlage oder schnurlose Kopfhörer nutzen. So können Sie auch eine Tastatur anschließen. Es gibt aber unterschiedliche Versionen: Bluetooth 4.2 ist besonders stromsparend und nur in aktuellen Geräten zu finden. Trotzdem können diese Geräte z. B. mit Lautsprechern zusammenarbeiten, die ihrerseits „nur" Version 2.1 verwenden (abwärtskompatibel). Andersherum funktioniert es nicht, ein älteres iPhone kann sich nicht an ein BT-4-Zubehör wie einem Fitnesstracker koppeln.

▶ *Einstellungen > Bluetooth:* Neue Geräte müssen einmalig gekoppelt werden, aktivieren Sie dafür am anderen Gerät den Pairing-Modus oder schalten Sie es aus und wieder ein. Meistens benötigen Sie ein Passwort, oft ist es bloß „0000". Bluetooth verbraucht immer Akkustrom, ohne Bluetooth funktioniert aber z. B. AirDrop nicht.

CarPlay

▶ *Einstellungen > Allgemein > CarPlay:* Für eine optimale Integration von iOS-Geräten mit dem Bordcomputer und Unterhaltungssystem von Autos hat Apple die CarPlay-Schnittstelle geschaffen. Findet sich derzeit nur im Hochpreissegment.

Codesperre

▶ *Einstellungen > Code:* Der „einfache" Code ist ein kurzes Passwort aus vier Ziffern, das Ihr Gerät quasi abschließt. Oder ein echtes Passwort aus mehreren alphanumerischen Zeichen – das bietet noch mehr Sicherheit. Außerdem entscheiden Sie hier, wie lang eine Pause sein muss, damit Code oder Passwort abgefragt werden. Am iPhone sollte der Wert fünf Minuten nicht übersteigen, ein iPad, das überwiegend zu Hause genutzt wird, verträgt auch bis zu einer guten Stunde. Natürlich gilt: Kürzere Zeiten sind sicherer – aber das nervt über kurz oder lang. Bequem und sicher zugleich ist die Codesperre mit langem Passwort und dem Fingerabdruck-Sensor TouchID in Kombination.

Continuity

iOS und Mac OS X integrieren verschiedene Techniken zur besseren Zusammenarbeit von Mac, iPhone (ab Modell 5), iPad (ab Modellen 4 bzw. Retina oder mini Retina) und dem jüngsten iPod touch unter diesem Namen. In der Praxis dient ein iPhone als Zentrale (Hub) und ermöglicht damit einem Mac oder iPad, SMS zu versenden oder per Handynetz zu telefonieren (als Freisprechtelefon), was diese Geräte von Haus aus gar nicht können.

Daten-Roaming

▶ *Einstellungen > Mobile Daten* oder am iPhone: *> Einstellungen >Mobiles Netz:* Nicht nur zum Zwecke des Telefonierens dürfen Sie zu Gast in ausländischen Netzen sein (Roaming). Auch Unterwegs-Internet, also Mobile Daten steht oft zur Verfügung. Von Haus aus nutzen iPhone und iPad ausländische Netze nicht zum Surfen: Das ist noch viel teurer als zu telefonieren. Weichen Sie besser auf Hotspots aus, wenn Sie keine speziellen Auslandsdatentarife gebucht haben. Nach dem Urlaub Daten-Roaming unbedingt wieder abschalten.

Datenschutz

▶ *Einstellungen > Datenschutz:* Der zentrale Anlaufpunkt, um Apps den Zugriff auf persönliche Daten zu beschränken. Viele Apps greifen auf Systemfunktionen und Daten anderer Apps zu, die Skype-App etwa auf Ihre Kontakte – weil es für Sie vieles einfacher macht. Aber insbesondere Ihre GPS-Geoposition ist eine schützenswerte Information. So können

Sie hier die Ortungsdienste ganz oder für einzelne Apps abschalten. Den Systemdiensten Diagnose und iAds sollten Sie das Ortungsrecht entziehen.

Datum & Uhrzeit

▶ *Einstellungen > Allgemein > Datum & Uhrzeit:* Hier korrigieren Sie die Uhrzeit und das Datum manuell. Aber eigentlich brauchen Sie das nie: Das Gerät wertet Zeitsignale aus Mobilfunk und der gegenwärtigen Position automatisch aus.

DRM

Digitales Rechte-Management – oder auf Deutsch: Kopierschutz. Gekaufte Mediendateien sind oft kopiergeschützt und können nur von bestimmten Systemen abgespielt werden. iOS versteht nur Apples DRM namens FairPlay und das von Audible, das von Microsoft aber nicht. Bei gekaufter Musik spielt DRM keine große Rolle mehr, wohl aber bei Filmen und elektronischen Büchern.

DSL

Internetzugang mit unterschiedlichen Bandbreiten, der über Telefonkabel und einen Telefon-Provider meist im Rahmen einer Flatrate abgewickelt wird, die Preise beginnen bei 20 € pro Monat.

Einschränkungen

▶ *Einstellungen > Allgemein > Einschränkungen:* Ihre Vorgabe für den Ausschluss bestimmter Funktionen, insbesondere als Kindersicherung für den App Store oder im Sinne des Jugendschutzes beim Surfen im Internet. Beim ersten Einrichten müssen Sie eine 4-stellige PIN Ihrer Wahl neu vergeben, um so das iGerät für den Teenager in Teilbereichen auf konservativen Kurs zu setzen.

Erinnerungen

▶ *Einstellungen > Erinnerungen:* Für Ihre App Erinnerungen legen Sie hier fest, welche (bei mehreren) To-do-Liste das System (z. B. Siri) standardmäßig verwenden und wie weit in die Vergangenheit der Datenabgleich erfolgen soll.

EU-Internet

▶ *Einstellungen > Mobile Daten* oder am iPhone: *> Einstellungen >Mobiles Netz:* Innerhalb der EU ist der Telefonmarkt zunehmend reguliert – zum Vorteil der Kunden. Dies betrifft auch mobilen Datenverkehr. Aktivieren Sie zunächst das Daten-Roaming und dann (beschränken Sie es auf) > EU-Internet.

Familienfreigabe

Dies weicht den Kopierschutz etwas auf. Bis zu sechs Personen (mit jeweils eigener Apple-ID!) können Apps, Musik und Filme gemeinsam nutzen. Auch Kinder: Wollen Minderjährige etwa In-App-Käufe auf Ihrem eigenen Gerät tätigen, so muss das Familienoberhaupt der Abbuchung vorab zustimmen. Hierzu poppt dann bei Papa oder Mama eine Nachricht auf deren Gerät auf. Die Möglichkeiten reichen aber noch weiter: Innerhalb der Gruppe sind auch Fotos, Termine oder Aufgaben gemeinsam nutzbar. Der Einstellungspunkt ist bei den iCloud-Einstellungen zu finden, aber auch online bei iCloud.com in den dortigen Einstellungen. Weitere Infos unter www.apple.com/de/icloud/family-sharing/

Familienfreigabe

Mit der Familienfreigabe ist es einfach, wichtige Dinge mit Ihren Familienmitgliedern zu teilen.

Los geht's

Gekaufte Musik, Filme, TV-Sendungen, Bücher und Apps g...

Eine Familienmitgliedschaft bei Apple Music teilen.

Fotos und Videos über einen Familien-Fotostream freigeben.

Farben umkehren

▶ *Einstellungen > Allgemein > Bedienungshilfen:* Manche Menschen können eine weiße Schrift auf einem dunklen Hintergrund besser lesen. Hier ändern Sie die Ansicht wie bei einem Foto-Negativ systemweit.

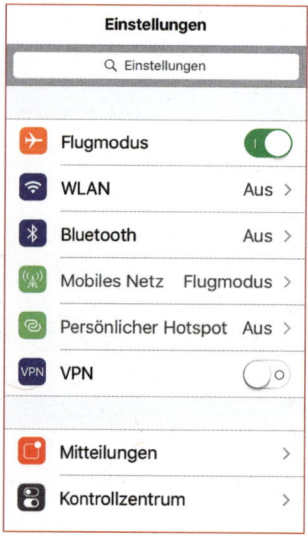

Find my iPhone / iPad

▶ *Einstellungen > iCloud > Mein iPhone suchen:*
Wenn Sie Ihr iPhone oder iPad weder zu Hause noch im Auto oder bei Freunden vermuten, können Sie es orten. Dafür brauchen Sie Zugang zu einem PC, um iCloud.com zu besuchen – oder ein anderes iOS-Gerät mit der App „Mein iPhone finden". Über Ihr iCloud-Konto können Sie das Gerät auf einer Karte sehen, auch bei deaktivierter Lautstärke klingeln lassen und aus der Ferne alle Daten löschen.

Flugmodus

▶ *Einstellungen > Flugmodus:* Sobald Sie den Flugmodus aktivieren, werden radikal alle Funkverbindungen Ihres Geräts unterbrochen: Das bedeutet kein Telefonieren, keine neuen SMS oder E-Mails und kein Internet. Alle anderen Funktionen wie Musik hören, Schreiben, Lesen und der Wecker funktionieren weiterhin. Die gute Nachricht: Sie sparen mit dieser Einstellung noch mehr Energie als im Stromsparmodus. Wer mag, kann WLAN und Bluetooth wieder dazuschalten und so wieder AirDrop nutzen.

Garantie

Als Privatverbraucher haben Sie neben einem Jahr Herstellergarantie 12 weitere Monate Gewährleistung durch Ihren Händler, oft Apple selbst. Händler bieten auch Garantieverlängerungen an, bei Apple heißt es Apple Care. Wie bei allen Versicherungen ist eine Garantieverlängerung eine Wette auf das Eintreten eines Schadenfalls, die zunächst bares Geld kostet.

Geführter Zugriff

▶ *Einstellungen > Allgemein > Bedienungshilfen:* Der geführte Zugriff sperrt den aktuellen Anwender wie ein Kind aus anderen Apps und vom Home-Screen aus. Nützlich, wenn man anderen Personen häufiger ein iPad „nur kurz ausleihen" will – darum ein Kandidat für den Dreifachklick unter Bedienungshilfen-Kürzel.

GPS

Sehr genaue satellitengestützte Ortung – gut für die App Karten.

Graustufen

▶ *Einstellungen > Allgemein > Bedienungshilfen:* Nicht jeder mag's bunt und fehlsichtige Menschen interpretieren Farben anders als Graustufenunterschiede. Den systemweiten Grauschleier aktivieren Sie hier.

Handoff

▶ *Einstellungen > Allgemein > Handoff & App-Vorschläge:* Handoff ist eine Untermenge von Continuity: Diese Funktion sorgt für einen ständigen Abgleich Ihrer Tätigkeiten zwischen allen Geräten, sodass Sie die jüngste Tätigkeit (z. B. Surfen auf test.de/thema/handy mit Safari) am Mac abrupt aufgeben und am iOS-Gerät dank eines kleinen Symbols links unten im Sperrbildschirm sofort wieder aufnehmen können. Klappt natürlich auch zwischen reinen iOS-Geräten – wenn es denn klappt mit dieser neuen Funktion.

Healthkit

Das Healthkit ist eine Ansammlung mehrerer Softwarebestandteile mit virtuellen Schnittstellen (APIs) zu Apps und Zubehör. Die App Health, die Apple Watch und viele zukünftige Geräte aus Sport und Medizin können dies nutzen.

Helligkeit

▶ *Einstellungen > Anzeige & Helligkeit:* Üblicherweise regeln Sie die Displayhelligkeit (und damit auch einen wichtigen Faktor des Energieverbrauchs) über das Kontrollzentrum. In der Einstellungen-App können Sie zudem den Automatismus abschalten, der die Displayhelligkeit an das Umgebungslicht anpasst.

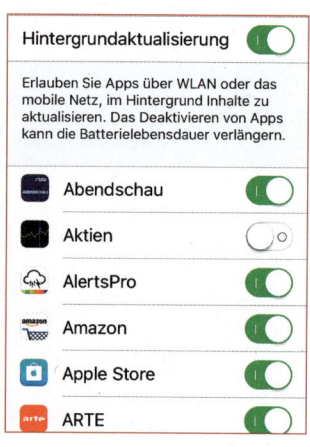

Hintergrundaktualisierung

▶ *Einstellungen > Allgemein > Hintergrundaktualisierung:* Einige Apps möchten Daten für Ihren Komfort auch dann laden, wenn Sie die App gar nicht aktiv nutzen. Dieser Komfort kostet Akkustrom und reduziert womöglich ungewollt Ihr Inklusivvolumen, respektiert aber Ihre Einstellungen in *> Mobile Daten* in etwa so, dass zwar neue Podcasts angezeigt, aber ohne Ihr Zutun ohne WLAN nicht heruntergeladen werden.

Hintergrundbild

▶ *Einstellungen > Hintergrundbild:* Hintergrundbilder tragen zum individuelleren Aussehen bei. Sie können dem Sperrbildschirm ein anderes Bildmotiv geben als dem des Home-Screens, gern auch ein selbst aufgenommenes Foto.

Home-Taste anpassen

Die Home-Taste unterhalb des Home-Bildschirms ist der zentrale Knopf. In neueren Geräten ist in die Taste der Fingerabdrucksensor Touch-ID integriert.

▶ *Einstellungen > Allgemein > Bedienungshilfen:* Glauben Sie, dass Ihre Motorik die Geschwindigkeit für den Home-Doppel- oder Dreifachklick nicht aufbringen kann, können Sie hier komfortablere Werte für das Klicktempo einstellen.

Homekit

Zunächst nur eine API in iOS. Erste Hersteller bieten schon Lösungen an, mit denen ein iPad etwa die Heizung steuern oder Sie mit dem iPhone Licht einschalten können.

Hörgerät

▶ *Einstellungen* > *Allgemein* > *Bedienungshilfen:* Hörhilfen der Oberklasse können Sie direkt mit dem iPhone koppeln – per Bluetooth. Den kleinen Mann im Ohr können Sie dann sogar per App fernsteuern. Der Schalter > *Hörgerätbetrieb* kann zudem Störgeräusche eliminieren. Der Hörgeräteakustiker berät Sie gern.

iBooks

▶ *Einstellungen:* Das Leseprogramm für E-Books hat besonders im Deutschen Schwächen bei der Silbentrennung. Falls Sie sich daran stören, können Sie diese deaktivieren oder vom buchtypischen Blocksatz auf den Flattersatz (linksbündig) umschalten.

iCloud

iCloud ist Apples Cloud-Angebot für Privatanwender. Es ist kostenlos, setzt aber ein iOS-Gerät oder einen Mac voraus. Arbeitet auch mit Windows und ohne zusätzliche Installation von Software am PC in jedem modernen Browser.

▶ *Einstellungen* > *iCloud:* Regeln Sie hier ganz genau, welche Daten von diesem Gerät an Ihr persönliches Konto bei Apples Onlinedienst und folglich an Ihre weiteren iOS-Geräte oder Ihren Computer weitergegeben werden sollen. Es gibt für Einsteiger keine plausiblen Gründe, Dienste abzuschalten. Nur bei Synchronisationsproblemen kann es sinnvoll sein, Dienste zu deaktivieren, dadurch die entsprechenden Daten auf dem Gerät zu löschen, um Sie daraufhin bei Reaktivierung „frisch" von Apples Servern zu laden.

► *iCloud.com:* iCloud funktioniert nicht nur auf iOS-Geräten und beschränkt sich nicht bloß auf die Datensynchronisation mit Macs und PCs. Online von jedem modernen Browser aufrufbar sind auch viele Apps zu finden: So können Sie (nach dem Anmelden) Ihre Kontakte bequem mit einer großen Computertastatur eingeben oder einen am iPad angefangenen Brief mit Pages zu Ende schreiben. Das ist praktisch im Internetcafé oder am Arbeitsplatz-PC. Bitte melden sie sich von iCloud.com auch wieder ab, um Dritten keinen Zugang zu Ihren Daten zu ermöglichen. Für mehr Sicherheit aktivieren Sie bitte die Zwei-Faktor-Autorisierung.

In-App-Kauf

Viele Apps sind kostenlos, bieten dann aber oft nur eingeschränkte Funktionen. Wer Hunger auf mehr hat, kann in der App selbst z. B. ein Zeitungsabo abschließen, die 14-Tage-Wetter-Vorhersage freischalten oder Extra-Leben in Spielen nachkaufen.

Info

► *Einstellungen > Allgemein > Info:* Erfahren Sie auf einen Blick, wie viel Musik, Bilder, Videos oder Apps sich auf Ihrem Gerät befinden. Hilfreich für den Fall der Fälle: Hier finden Sie auch Ihre Seriennummer und die Mobilfunkrufnummer Ihrer SIM-Karte. Soll Ihr Gerät einen anderen Namen tragen, können Sie dies hier ändern.

Inklusivvolumen

Bei Daten-Flatrates im Mobilfunk bezeichnet dies die Menge an Daten, die Sie mit voller Bandbreite innerhalb eines Zeitraums (Tag, Woche, meist Monat) laden können. Danach drosselt der Provider bis zum Zeitraumende die Bandbreite auf 2G / GPRS-Niveau. Manche Tarifmodelle beenden gar die Sitzung ganz, oft kann man weiteres High-Speed-Volumen fallweise nachkaufen.

iTunes

Name der kostenlosen Software von Apple für Intel-Macs und Windows-PCs, die Sie zum Einlesen und Verwalten digitaler Medien verwenden und diese mit iPhone oder iPad abgleichen können. Via iTunes und PC ist auch ein umfangreiches, verschlüsseltes Backup von iPhone oder iPad per USB-Verbindung möglich und ratsam.

iTunes & App Store

▶ *Einstellungen:* Hier ist Ihre Apple-ID für Einkäufe in den vielen Fachabteilungen des iTunes-Store hinterlegt. Rufen Sie weitere Informationen zu Ihrem Konto durch Antippen auf und steuern Sie bei Besitz mehrerer Geräte das praktische automatische Download-Verhalten von gekauften Medien – und ob dies auch über Mobile Daten vonstatten gehen darf.

iTunes-WLAN-Sync

▶ *Einstellungen > Allgemein > iTunes-WLAN-Sync:* Statt per USB kann Ihr Computer Musik und Videos auch per WLAN mit iTunes im Hintergrund abgleichen.

Jailbreak

Apple schützt iOS mit strengen Regeln, ein Jailbreak hebelt diesen Schutz aus. Vorteil: Man kann noch mehr Apps installieren, auch solche ohne Apples Gnaden. Nachteil: Bei unsachgemäßer Handhabung wird das Gerät defekt und weniger sicher gegen digitale Angriffe. Nur etwas für mutige Experten.

Kontrollzentrum

▶ *Einstellungen* > *Kontrollzentrum:* Ist ein Schnellzugriff ähnlich dem der Mitteilungszentrale, man ruft ihn mit einem Wisch vom unteren Bildschirmrand auf. Er bietet schnellen Zugriff auf Einstellungen wie WLAN, Bluetooth, Ruhezustand und die Ausrichtungssperre sowie die Helligkeit. Außerdem: Timer, Taschenrechner, Kamera und am iPhone die Taschenlampen-Funktion.

LED-Blitz bei Hinweisen

▶ *Einstellungen* > *Allgemein* > *Bedienungshilfen:* Blitzen statt klingeln finden nicht nur hörgeschädigte Menschen elegant: Anrufe und neue Nachrichten können (auch zusätzlich) mit dem Kamerablitz signalisiert werden. Ihr iPhone darf dann natürlich nicht mit der Rückseite auf dem Tisch liegen.

Mail, Kontakte Kalender

▶ *Einstellungen:* Sie können weitere > *Accounts hinzufügen*, etwa einen E-Mail-Account von Google, mit dem Sie ebenfalls Termine und Notizen abgleichen können. Mit > *Entfernte Bilder laden* werden Fotos und Grafiken in einer Mail immer angezeigt, was praktisch ist, aber auch etwas mehr Datenverkehr verursacht und bei Spam-Mails signalisiert, dass eine Mail tatsächlich gelesen (weil ein Bildelement geladen) wurde. Eine wichtige Einstellung findet sich relativ weit unten: die > *Signatur* Ihrer E-Mails.

Mitteilungszentrale

▶ *Einstellungen* > *Mitteilungen:* Einen aktuellen Überblick übers Wetter, die Terminlage und neueste Nachrichten wie verpasste Anrufe bietet die Mitteilungszentrale. Wischen Sie dieses zunächst unsichtbare „Rollo" vom oberen Bildschirmrand herunter und berühren Sie Einträge, um direkt in die jeweilige App zu springen. In den Einstellungen verändern Sie die Reihenfolge oder unterbinden Push-Mitteilungen von Apps ganz. Unter > *Nicht Stören* können Sie zudem auch eine planmäßige Klingelsperre definieren und trotzdem für wichtige Personen erreichbar bleiben. Außerdem können Sie für jede App einzeln deren Aufdringlichkeit regeln.

Mobile Daten

Unter diesem Stichwort fasst iOS Datenverkehr zusammen, der nicht über WLAN, sondern per Mobilfunk und damit kostenintensiver abgewickelt wird. Wer kein WLAN benutzen kann, aber das Internet voll ausschöpfen will, muss vielerorts in den Einstellungen den Punkt > *Mobile Daten* verwenden einschalten, um etwa Videos laden zu können. Das reduziert das Inklusivvolumen einer Flatrate und benötigt Bandbreite.

▶ *Einstellungen* > *Mobile Daten:* Aktivieren Sie mit 3G/LTE das schnelle Datennetz. Schalten Sie mit Daten-Roaming den Zugriff auf das Unterwegs-Internet im Ausland frei. Verändern Sie mit APN-Einstellungen Zugangsparameter für das Unterwegs-Internet nach den Vorgaben Ihres Providers (gelegentlich bei Prepaid-Karten notwendig). Kopieren Sie eventuell vorhandene Telefonnummern von der SIM-Karte in Ihr Adressbuch. Ändern Sie die SIM-PIN, das „Passwort" Ihrer SIM-Karte. Am iPhone unter > *Allgemein* > *Mobiles Netz*. Außerdem erhalten Sie hier einen Überblick über den Datenhunger der Apps, die Mobile Daten nutzen dürfen, und einen Überblick über den Gesamtdatenverbrauch.

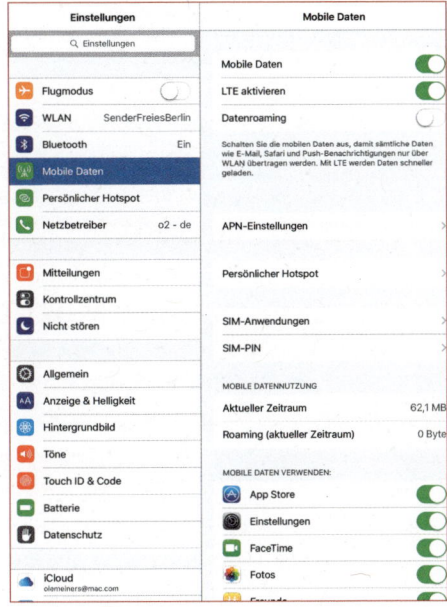

▶ *Einstellungen > Mobile Daten:* Diese Einstellung in einzelnen Apps deaktiviert den Schutzmechanismus von iOS, um intensiven Datenverkehr ausschließlich über WLAN abzuwickeln. Trotzdem weicht das System bei WLAN-Versorgung (z. B. Hotspot, Hotel-WLAN) dahin aus, um Ihr Geld zu sparen und vermutlich höhere Bandbreiten zu erzielen. WLAN Assist hingegen produziert meist ungewollt Mobilverkehr trotz WLAN.

Mobiles Netz

▶ *Einstellungen > Mobiles Netz:* Heißt nur am iPhone so, gleichbedeutend mit Mobile Daten.

Mobilfunkvertrag

Bringt für den Kunden den Vorteil der Subventionierung sowie einiger Extradienste (Visual Voicemail) und den Nachteil einer Laufzeit von bis zu zwei Jahren, in denen zum Teil hohe monatliche Kosten auch ohne Verbrauch anfallen können. Kosten werden nachträglich vom Konto bezahlt („post paid"), also keine Vorkasse (Prepaid). Mit Bestandsvertrag ist es auch möglich, ein neues Gerät mit einer zweiten SIM-Karte mit derselben Telefonnummer (Multi-SIM, Twin-Card) auszustatten. Macht eine zusätzliche Prepaid-Karte oder gar einen Neuvertrag überflüssig. Vergleiche unter URL test.de/thema/telefontarife/

Mono-Audio Einstellung

▶ *Einstellungen > Allgemein > Bedienungshilfen:* Schaltet Stereo-Ton systemweit ab.

Multitasking

▶ *Einstellungen > Allgemein > Multitasking:* Hier ist der Schalter zum Ein- oder Ausschalten für die abkürzende Gestensteuerung beim iPad zu finden, um noch rascher zwischen Anwendungen hin- und herzuwechseln. Etwas überraschend, dass die Einstellungen für

3D-Touch nicht hier, sondern in den Bedienungshilfen zu finden sind.

Musik- und Video-Wiedergabe

▶ *Einstellungen:* iPhone und iPad sind ja auch Musikabspielgeräte: Sie können die Lautstärke anpassen, um Schwankungen zwischen Liedern zu harmonisieren. Der Schalter Maximale Lautstärke soll Hörschäden vermeiden. Die Privatfreigabe ermöglicht den Zugriff per WLAN auf das iTunes-Programm Ihres Computers mit sämtlichen Medien – vorteilhaft bei Geräten mit wenig Speicher und großen Musik- und Filmsammlungen.

Nachrichten

▶ *Einstellungen > Nachrichten:* Aktivieren Sie – falls bei der Ersteinrichtung nicht passiert – den kostenlosen iMessage-Dienst von Apple zu anderen iOS-Nutzern und geben Sie Ihr O. k., dass diese Nachrichten im Falle eines Falles auch als kostenpflichtige SMS (nur iPhone) geschickt werden. Lassen Sie sich – wichtig bei SMS – die Zeichenanzahl anzeigen, ab dem 161. Zeichen beginnt (abrechnungstechnisch) eine zweite SMS. Mögen Sie gern per iMessage Bilder verschicken, können Sie bei Bedarf (besonders im Ausland) MMS deaktivieren, um nicht in eine Kostenfalle zu laufen. Als „SMS-Weiterleitung" versteht iOS hier, ob ein iPhone „echte" SMS-Nachrichten zum Zwecke der Synchronisierung an ein iPad (oder die Nachrichten-App am Mac) per iCloud und damit über fremde Server weitergibt.

Netzbetreiber

▶ *Einstellungen > Netzbetreiber:* Deaktivieren Sie die automatische Netzwahl nur bei Bedarf, zum Beispiel in Nähe der Landesgrenze, um nicht fälschlicherweise per Roaming in das Netz eines Auslands-Providers zu geraten.

Nicht stören

▶ *Einstellungen > Nicht Stören:* Eine Klingelsperre für die Nacht oder Besprechungen, um nur solche Anrufe und Signale zuzulassen, die Sie unter *> Einstellungen > Mitteilungen* eingestellt haben. Eine Mondsichel in der Statuszeile erinnert Sie daran.

Passwort

Für ein gutes Passwort gibt es einen schönen Tipp zur Ableitung: Nehmen Sie eine Phrase, etwa eine Zeile eines Gedichtes oder Liedes: Mein schönes Fräulein, darf ich wagen // Meinen Arm und Geleit Ihr anzutragen? Nun verkürzen Sie es (nur der erste Buchstabe, „und" zu „+": MsfdiwMa+gia?). Finden Sie Ihre eigenen Tricks, auch durch das Au5tau5ch3n von 8uch5ta83n mit Ziffern: M5fd1wMa+g1a.

Persönlicher Hotspot

▶ *Einstellungen > Persönlicher Hotspot:* Aktivieren Sie hier bei Bedarf das Tethering per WLAN, Bluetooth und/oder USB. Vergeben Sie ggf. ein anderes WLAN- Passwort.

Phishing

Darunter versteht man den kriminellen Versuch, persönliche und sensible Daten z. B. mit manipulierten Massenmails von verunsicherten Verbrauchern abzufischen: Bankdaten, PINs und TANs, Postadresse und Geburtsdatum. Wenn eine E-Mail, angeblich von Ihrer Bank, Sie nur als „Sehr geehrter Kunde" und nicht mit Namen anspricht, seien Sie besonders wachsam!

Podcasts

▶ *Einstellungen > Podcasts:* Die kostenlosen Downloads von TV- und Radiosendungen können Sie mit anderen iOS-Geräten synchronisieren und auf iPhone und iPad stets einen identischen Stand haben. Hier legen Sie außerdem das Standardverhalten der App fest: ob sie generell neue Folgen automatisch herunterladen soll, wie viele Episoden (Folgen) Ihr Gerät vorhalten soll und ob dies alles auch dank Mobiler Daten passieren darf. Für Ihre Lieblings-Podcasts können Sie individuelle Einstellungen in der App selbst tätigen.

Safari

▶ *Einstellungen > Safari:* Schalten Sie bei Bedarf von Google zu Bing, Yahoo oder DuckDuckGo als Suchmaschine um. Unter *> Automatisch ausfüllen* können Sie Formularfelder auf Webseiten mit den Daten Ihrer Visitenkarte vervollständigen und ebenfalls Benutzernamen und Passwörter speichern, um bei einem erneuten Besuch den Anmeldevorgang zu beschleunigen. Am Listenende können Sie den Leselistenabgleich über Mobile Daten abschalten. In *> Erweitert* lässt sich JavaScript deaktivieren.

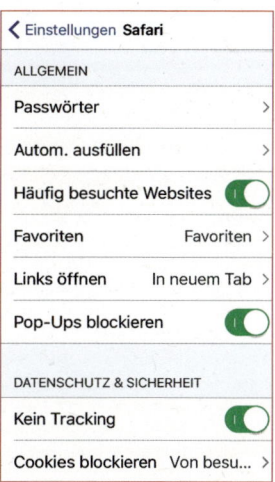

Viele Einstellungen in Safari sind für Ihre Sicherheit beim Surfen relevant, die Standardeinstellungen sind aber ein wenig lasch: Aktivieren Sie gern *> Kein Tracking*, um sich vor zu neugierigen Seiten ein wenig zu schützen. Den Verlauf Ihrer Internettouren können sie hier löschen, ebenso wie Cookies: Diese kleinen Dateien ermöglichen es Webseiten, Sie zu identifizieren. Das ist sehr praktisch, aber nach Expertenmeinung manchmal auch sicherheitskritisch.

Schaltersteuerung

▶ *Einstellungen > Allgemein > Bedienungshilfen:* Ausgangspunkt, um adaptives Zubehör bei Körperbehinderungen in die Bedienung einzubinden.

SIM-Karte

Die SIM-Karte ist der physikalische Schlüssel, um ein Handy oder Tablet mit dem Mobilfunknetz und Ihrem Kundenkonto beim Provider zu verbinden. Neuere iPhones und iPads brauchen die sehr kleine und noch seltene Nano-SIM (4FF), iPad 2 und iPhones bis 4s die Micro-SIM (3FF).

SIM-PIN

▶ *Einstellungen > Mobile Daten > SIM-PIN:* Diese ist das Passwort zu Ihrer SIM-Karte, ein vierstelliger Zahlencode. Vergessliche sollten die PIN ändern und ähnlich der Codesperre neu setzen. Am iPhone auch unter *> Einstellungen > Telefon > SIM-PIN*.

Siri

Ihr persönliches Assistenzsystem, das viele Befehle quasi auf Zuruf für Sie ausführt. iOS analysiert das gesprochene Wort und folgt Befehlen – eine Internetverbindung ist für Siri aber unerlässlich.

▶ *Einstellungen > Allgemein > Siri:* Siri versteht auf Englisch deutlich mehr, Sie können die Sprache ändern. Außerdem gibt es Siri auch mit einer Männerstimme. Verknüpfen Sie Siri unter *> Meine Info* mit Ihrem eigenen Kontaktdatensatz. Mit einem gerufenen „Hey Siri" und ohne Drücken einer Taste klappt das auch, aber gleichzeitig holt man sich eine potenzielle „Wanze" mit dieser Funktion ins Haus. Nur beim iPhone 6s erfolgt die „Hey Siri"-Erkennung auch ohne externe Stromversorgung. Die Diktierfunktion und Spotlight nutzen Teile der Siri-Technik ebenfalls.

Slide over & Split view

▶ *Einstellungen > Allgemein > Multitasking:* Auf jüngeren iPads können Sie mit Wischgeste vom rechten Rand eine zusätzliche „Schicht" für eine weitere App in angepasster Darstellung erzeugen. Die „Hauptapp" wird dabei dezent abgedimmt, bleibt aber sichtbar. Einen Wisch weiter in die Mitte haben die leistungsstärksten iPads sogar die Möglichkeit, beide Apps parallel und gleichberechtigt anzuzeigen (Multitasking).

Softwareaktualisierung

▶ *Einstellungen > Allgemein > Softwareaktualisierung:* Hier (und durch Meldungen auf dem Bildschirm) erfahren Sie, ob ein iOS-Update bereitsteht und können es von dort direkt laden und installieren. Hüten Sie sich besser vor Aktualisierungen, deren Zähler auf „0" endet, ein Update wie 9.0.1 weist auf eine erste Fehlerbereinigung hin, 9.0.2 auf die Fehlerbehebung der Fehlerbehe-

bung – bei Drucklegung war 9.1 aktuell. Informieren Sie sich im Netz und in der Tagespresse. Zu viel Vorsicht schadet aber auch, denn Updates bereinigen Sicherheitsprobleme und spendieren neue Funktionen.

Soziale Netze

▶ *Einstellungen:* Anwender von *> Twitter, > Facebook, > Flickr* und *> Vimeo* können hier die Anmeldedaten für diese sozialen Netze hinterlegen. iOS räumt ihnen bei Bedarf systemweite Rechte ein, sodass Sie beim Surfen mit Safari ohne Umwege den Tweet-Knopf bzw. das Gefällt-mir-Icon auf bestimmten Seiten drücken können.

Spotlight

▶ *Auf Home-Screen zwischen den Symbolen kurz nach unten wischen:* Spotlight ist die eingebaute Suchmaschine von iOS und durchforstet die lokalen Daten (z. B. E-Mails, Apps) anhand Ihrer Suchbegriffe.

▶ *Einstellungen > Allgemein > Spotlight-Suche:* Hier legen Sie die Reihenfolge fest, wie Spotlight die Suchergebnisse bündelt, und können bestimmte Dateitypen aus den Treffern ausschließen.

Sprache & Region

▶ *Einstellungen > Allgemein > Landeseinstellungen:* Legen Sie Zahlenformate und Kalenderverhalten Ihrem Sprachraum gemäß fest. Bei der Erstinbetriebnahme haben Sie dies bereits richtig eingestellt, könnten aber – um eine Fremdsprache zu trainieren – Änderungen vornehmen. Auch hier können Sie Tastatur-Einstellungen vornehmen.

Support

▶ *http://apple.com/de/support:* Umfangreiche Unterstützung erhalten Sie im Internet sowie telefonisch: 0800-6645451. Halten Sie die Seriennummer (*> Einstellungen > Allgemein > Info*) bereit und außerhalb der 90-Tage-Gratis-Unterstützung ggf. Ihre Kreditkarte.

Tastatur

▶ *Einstellungen > Allgemein > Tastatur:* Hier schalten Sie Autokorrektur ein oder aus oder legen sich eine zweite, fremdsprachliche Tastatur zu, die Sie dann auf Knopfdruck wechseln. Noch eine nützliche Eigenschaft sind die Kurzbefehle, die etwa aus „mfg" eine komplette Grußformel zaubern. Seit iOS 8 können Sie neben der Standardtastatur auch welche von Drittanbietern aus dem App Store nutzen.

Telefon

▶ *Einstellungen > Telefon:* Stellen Sie hier einiges zum Handyverhalten des iPhones ein, ob Sie makeln oder nicht makeln, also zwischen zwei Anrufern hin- und herwechseln wollen. Sie regeln an dieser Stelle auch, ob der andere Teilnehmer Ihre Nummer sehen soll. Aktivieren Sie die Wahlhilfe, wenn Sie vom Ausland aus Anschlüsse in der Heimat wegen Vorwahlproblemen nicht erreichen können. Hier können Sie außerdem Ihre SIM-PIN ändern und SMS-Texte definieren, die Sie beim Ablehnen eines ankommenden Gesprächs netterweise dem Anrufer als Antwort schicken.

Tethering

▶ *Einstellungen > Persönlicher Hotspot:* Bezeichnet das Teilen (Umsetzen) der Mobilfunk-Datenverbindung mit anderen Geräten über WLAN, Bluetooth oder USB als sogenannter persönlicher Hotspot.

Textgröße

▶ *Einstellungen > Anzeige & Helligkeit:* iOS und sehr viele Apps unterstützen „dynamischen Text", bestimmen Sie hier systemweit Ihre bevorzugte Textgröße. Davon abweichend besitzen einige Apps (z. B. iBooks, Zeitungsapps) zudem selbst eine Textgrößensteuerung. Noch größere Buchstaben erzeugen Sie über die Bedienungshilfen.

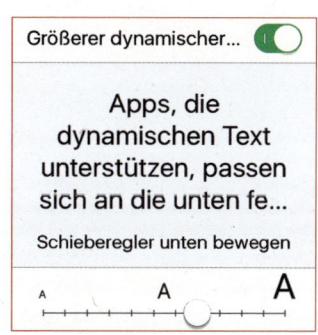

Töne

▶ *Einstellungen > Töne:* Regulieren Sie verschiedene *>Klingeltöne* und andere Klänge. Stellen Sie ein, ob Ihr Gerät klingeln soll, mit welchem Ton und in welcher *>Lautstärke.* Auch die *> Vibration* am iPhone verstellen Sie hier und ob beim Tippen *> Tastaturanschläge* (leise Klicks) zu hören sind. Am besten richten Sie sich Ihr Tonprofil an einem Ort ein, wo Sie andere mit dem Testklingeln nicht stören.

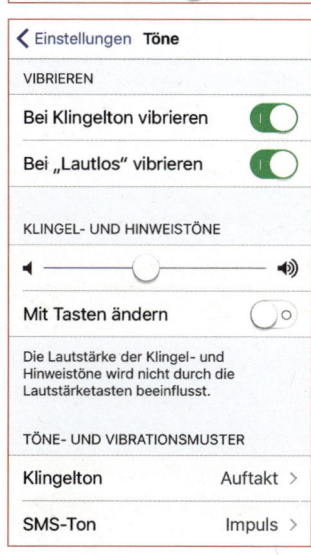

Touch ID

▶ *Einstellungen > Touch ID & Code:* Bei Geräten mit Fingerabdruck-Sensor in der Home-Taste kann der eigene Daumen das Gerät aufsperren – ohne *> Passwort* oder *> Code.* Die biometrischen Daten der Fingerabdrücke verbleiben verschlüsselt auf dem Gerät, Apple selbst hat keinen Zugriff und gleicht sie auch nicht per iCloud mit anderen Geräten ab. Insgesamt fünf Abdrücke kann man speichern, da darf also auch der Daumen des Partners ein iPad aufsperren, wenn der Besitzer es denn will.

VoiceOver

▶ *Einstellungen > Allgemein > Bedienungshilfen:* Wenn alle Wege zur Vergrößerung der Schrift nicht ausreichen, lesen iPhone und iPad sogar vor. Vielerorts funktioniert das durch Markieren des Textes und den Befehl „Sprechen": Aktivieren Sie hierzu zuvor *>Sprachausgabe > Auswahl sprechen*. Wenn Sie VoiceOver aktivieren, schaltet iOS zum bisherigen optischen Bedienkonzept eine umfangreiche akustische Benutzerführung hinzu: Das geht schon los bei den einzelnen Menüs und Befehlen. Punkt für Punkt wird dabei alles benannt, was Sie mit den Fingern berühren. Hörbare Signale deuten zusätzlich darauf hin, dass Sie einen anderen Teil des Bildschirms erreicht haben. Darüber hinaus stellen Sie hier ein, was genau vorgelesen werden soll.

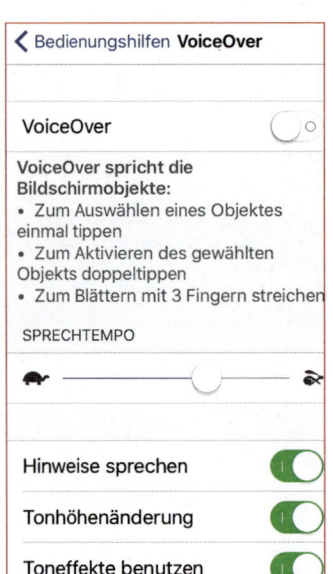

VoiceOver benötigt sehr viel Einarbeitungszeit und richtet sich an Menschen mit signifikanter Sehschwäche und/oder körperlichen Einschränkungen. Durch die Vorlesefunktion verändert sich auch die bisherige Navigation sehr stark. Da alles vorgelesen wird, reagieren iPhone und iPad anders und Sie müssen zur Steuerung nun mehrere Schritte vollziehen. Das versetzt auch Blinde in die Lage, am modernen digitalen Leben teilzuhaben. Aktivieren Sie VoiceOver zunächst nur, wenn Sie einen Computer mit iTunes haben. Möglicherweise verbauen Sie sich sonst den Weg zurück! Ist Ihr iOS-Gerät mit dem Computer per USB verbunden, können Sie in iTunes ebenfalls die Bedienungshilfen ein- und ausschalten – also auch VoiceOver übers Wort fahren.

VPN

▶ *Einstellung WLAN › Einstellungen › Allgemein › VPN:* Virtuelle Private Netzwerke sind besondere und besonders sichere Verbindungen zu Firmennetzwerken. Erscheint nur nach Konfiguration. Dient aber auch dazu, gegenüber einigen Webseiten von TV-Sendern den eigenen Aufenthaltsort zu verschleiern, um als „Ausländer" etwa im Spanien-Urlaub auf bestimmte Inhalte trotzdem zugreifen zu können.

WLAN

Ein drahtloses (wireless) lokal angelegtes Netz mit etwa gleicher Reichweite wie ein schnurloses Telefon. iOS-Geräte setzen ganz auf drahtlos, verbinden automatisch mit bekannten Netzen und haben für kabelgebundenes Netz gar keinen Anschluss.

▶ *Einstellungen › WLAN:* Hier stellen Sie für iPhone und iPad Ihre WLAN-Verbindung her. Üblicherweise merkt sich das System Ihre Eintragungen. Manchmal müssen Sie das Passwort trotzdem noch einmal eingeben. Auch unterwegs oder auf Reisen finden Sie WLAN-Netze, die Ihnen einen Internetzugang ermöglichen.

▶ *Mit Hotspots und anderen WLANs* etwa bei Freunden verbinden Sie sich, indem Sie in der angezeigten Liste den Namen des Netzes antippen und sich dann mindestens mit einem Passwort autorisieren. Wenn Sie das automatische Verbinden mit einem bestimmten WLAN nicht mehr wollen, rufen Sie über den i-Taster die Detailseite zu diesem WLAN auf, um zukünftig *› Dieses Netzwerk zu ignorieren.*

► *Einstellungen > WLAN > WLAN Assist:* Eigentlich ist diese Funktion gut gemeint: Wenn das iOS-Gerät zwar per WLAN verbunden ist, dieses aber gestört oder zu schwach zu empfangen ist, dann dürfen – so ist die Standardeinstellung in iOS 9 – iPhone und Co. in das Mobile Netz ausweichen. Das kostet Inklusivvolumen. Darum bitte die Funktion WLAN-Assist frühzeitig nachträglich abschalten.
Wenn die Verbindung zum WLAN nicht klappt, kann es helfen, den Router neu zu starten – im Zweifelsfall einfach kurz den Stecker ziehen. Es kann auch am Gerät selbst liegen: Meist hilft der kurze Wechsel in den Flugmodus, ein Reboot (Aus- und wieder Einschalten) tut es auch. Bei hartnäckigen Fällen hilft eine der Zurücksetzen-Optionen.

Zoom

► *Einstellungen > Allgemein > Bedienungshilfen:* Sie können eine Art Vergrößerungsglas aktivieren, dies funktioniert in allen Apps. Haben Sie den Zoom aktiviert, können Sie mit drei Fingern auf den Bildschirm doppelt tippen, damit sich die Ansicht vergrößert, in der Vergrößerung alles hin- und herschieben, indem Sie mit drei Fingern gleichzeitig den Bildschirm berühren und mit einem erneuten Drei-Finger-Doppeltippen in die normale Anzeigegröße zurückkehren.

Zurücksetzen

► *Einstellungen > Allgemein > Zurücksetzen:* Hier finden Sie verschiedene Grade, wie weit ihr Gerät auf null gesetzt werden soll. Sie werden hier im folgenden aufgelistet:
► *Alle Einstellungen:* Löscht alle Systemeinstellungen, aber keine persönlichen Daten.
► *Home-Bildschirm:* Löst alle Ordner auf dem Home-Screen auf und bringt die Apps in eine Standardreihenfolge.

‹ Allgemein **Zurücksetzen**
Alle Einstellungen
Inhalte & Einstellungen löschen
Netzwerkeinstellungen
Tastaturwörterbuch
Home-Bildschirm
Standort & Datenschutz

▶ *Inhalte & Einstellungen:* Setzt Ihr Gerät zurück auf die Werkseinstellungen und löscht dabei sämtliche Daten. Ein Backup ist also dringend zu empfehlen, nach so einer Rosskur können Sie das iOS-Gerät damit wiederherstellen.

▶ *Netzwerkeinstellungen:* Löscht alle Netzwerkeinstellungen und WLAN-Passwörter und ist hilfreich bei aggressiven WLAN-Problemen.

▶ *Standort & Datenschutz:* Setzt sämtliche persönliche Änderungen an den Datenschutzeinstellungen zurück.

▶ *Tastaturwörterbuch:* Entfernt alle persönlichen Änderungen an der eingebauten Rechtschreibkontrolle.

Zwei-Faktor-Autorisierung

▶ *http://appleid.apple.com > Apple-ID-Verwalten > Passwort & Sicherheit > zweistufige Bestätigung:* Noch sicherer als Passwörter oder Sicherheitsfragen – z. B. nach Ihrem Lieblingslehrer in der Grundschule – ist es, wenn ein zweites Gerät (z. B. Handy, Festnetztelefon, Tablet, PC) in der Autorisierungskette mitspielt, von dem der Anbieter verlässlich weiß, dass es seinem Kunden gehört. Nach Eingabe von Passwort und ggf. Sicherheitsfrage kommt nun als „zweiter Faktor" bspw. per E-Mail an Ihren zweiten E-Mail-Account ein Code, den Sie eintippen müssen.

Hilfe

Stichwortverzeichnis

0–9

2G, 3G, 4G (Verbindungs-
geschwindigkeiten) 189
3D-Touch 96, 189

A

Adressbuch siehe Kontakte
71
AirDrop (App) 185, 190
AirPlay (Medienwieder-
gabe) 190
AirPrint 190
Akku 30
– Pflege 69
Aktualisierung 213
Anrufbeantworter siehe
Telefon-App 131
App Store 55, 175, 191,
205
– Abteilungen 176
App Drawer
Apple Music 165, 169
Apple Pay 121
Apple Watch 17, 192
Apple-ID 23, 33, 192
– Einrichten 40
Apple Pencil 192
Apple-TV 192
Apps 8, 191
– Beenden 63
– Datenschutz 175
– Organisieren in
Ordnern 61
– Nachinstallieren 61

Ausrichtungssperre 193
Automatische Sperre
193

B

Backups 13, 193
Banking 194
Batterie 195
Bedienungshilfen 195
Betriebssystem siehe
iOS 25
Bildschirmsperre 52
Bildschirmtastatur siehe
Tastatur 80
Bluetooth 26, 196
Browser 107
Bücher lesen siehe
iBooks 58
Bumper (Schutzhülle) 26

C

Cache 64
CarPlay 196
Codesperre 196
Continuity 197

D

Daten-Roaming 197
Datenschutz 197
Datum einstellen 198
DB Navigator (App) 122
– auf dem iPad 123
Display sauber halten 44

Dock 62
DRM siehe Kopierschutz
198
Drucken siehe AirPrint 190
DSL 198

E

E-Books 147
– Kindle-App 149
– Kobo-App 149
E-Mail 206
– Abrufen 91
– Adresse 11
– Als ungelesen oder
wichtig markieren 90
– Antworten 89
– Archivieren 90
– Aufbau einer Mail 88
– Ausdrucken 89
– Entwurf speichern 98
– Kommunikationsre-
geln 95
– Löschen 90
– Schreiben 97
– Signaturen 92
– Textbausteine 92
– Verschieben in ande-
ren Ordner 90
– Weiteren E-Mail-
Account einrichten 94
– Weiterleiten 89
Erinnerungen 104, 199
– Anlegen 104
– Von Siri erinnern
lassen 106

Ersteinrichtung des Geräts
31

F

Facebook 213
FaceTime (App) 73, 136
Familienfreigabe 199
Farben umkehren 199
Fernsehen mit iPhone und
iPad 173
Find my iPhone/iPad (App)
200
Fingerabdruckscanner siehe
Touch-ID 38, 215

Flugmodus 200
Fotoalbum 184
Funcard (App) 88

G

Garantie 200
Geführter Zugriff 201
Gesundheits-App 120
Google Maps 114
GPS 201
Graustufen 201

H

Handoff 201
Hauptmenü siehe Home-
Screen 60
Headset 26
Health-App 120
– Healthkit 201
Helligkeit einstellen 202
Hilfe, technische 214
Hintergrundaktualisierung
202
Hintergrundbild 202

Homekit 203
Home-Screen 60
– Anpassen 60
– Weiteren Home-Screen
anlegen 61
Home-Taste anpassen 202
Hotspot, persönlicher 13,
210
Hörgerät 203

I

iBooks 57, 149, 150, 203
– Einstellungen 152
– Lesen 151
– Notizen 153
iCloud 18, 30, 45, 71, 203
– E-Mail 22, 40
– Fotomediathek 186
– iCloud-ID 30, 33
– Schlüsselbund 42
– Sicherheit 19
iMessage 139
– Anhänge senden
144
– Nachricht verfassen
139
– Nachricht bearbeiten
141
– Standort übermitteln
143
– Unterhaltungen
löschen 141
– Unterschied zu SMS
142
iMovie 186
In-App-Kauf 204
Inklusivvolumen 12, 14,
204
Internet 47
– Bandbreite 194

– Browser siehe Safari
107
– Mobiles Datenvolumen
136
– Verbindungsgeschwin-
digkeiten (mobiles Inter-
net) 189
iOS 25, 48
– Update 16
iPad Wi-Fi 14
iPhoto 186
iTunes 16, 45, 166, 205
– CDs übertragen 166
– Privatkopie 170
– iTunes-WLAN-Sync
205
iTunes Store 56, 164, 205
– Unterschied zu iTunes
165

J, K

Jailbreak 205
Kalender 98, 206
– Freigeben für andere
Personen 102
Kamera 16, 178
– Bedienung 179
– Bildbearbeitung 184
– Funktionen 179
– Galerie 184
– Schnappschuss 181
– Tipps für bessere Bil-
der 181
– Videos drehen 183
– Zoom 180
Karten-App 111
– Ansicht ändern 114
– Bedienung 112
– Ortsmarke setzen 113
– Route berechnen 115

Keynote (App) 121
Kindersicherung 198
Klingelsperre 210
Kompass 121
Kontakte 206
– Bearbeiten 73
– Foto hinzufügen 75
– Löschen 76
– Neu anlegen 75
– Übertragen auf das
iPhone 76
Kontrollzentrum 64, 206
Kopfhörer 26
Kopierschutz 32, 198

L

Lebensdauer der Geräte 16
LED-Blitz (statt Klingeln)
206

M

Mail-App siehe E-Mail 87
Mailbox abschalten 132
Mitteilungszentrale 64,
206
MMS 142
Mobiler Datenverkehr 207
– EU-Internet 199
– Verbindungsgeschwin-
digkeiten 189
Mobilfunkvertrag 208
Move to iOS (App) 43
Multitasking 208
Musik-App 168
Musik-Wiedergabe 209

N

Nachrichten-App siehe
iMessage 139

Navigationssystem 111
Netzbetreiber 209
Neustart des Geräts 29
Notizen 77
– Foto hinzufügen 79
– Freihandzeichnen 79
– Kopieren und Einfügen
84
– Markieren 84
Numbers (App) 121

O

Office-Anwendungen
121
Offline-Karten 114
Online-Banking 194
Ortung des Geräts 112

P

Pages (App) 121
Passwort 39, 41, 210
PDF-Dateien 154
Persönlicher Hotspot 13,
210
Phishing 92, 210
Podcast 159, 210
– Abonnieren 160
– Abonnements ver-
walten 163
– Finden 162
– Hören/Sehen 161
Prepaid 12
Push-Mitteilung 66

R

Rechner 121
Region einstellen 214
Routenplaner 115

S

Safari 47, 107, 211
– Adresse eingeben 108
– Seite aktualisieren 108
– iCloud-Synchronisie-
rung 109
– Lesezeichen 109
– Privater Modus 109
– Reader 110
– Teilen von Links 109
– Zurückgehen zur voran-
gegangenen Seite 109
Schaltersteuerung 211
Schriftgröße verändern 68,
215
Schutzhülle 26
Shazam (App) 170
SIM-Karte 211
– Einsetzen 34
– Gesperrt 34
– SIM-PIN 212
Siri 15, 42, 53, 212
Skype (App) 136, 138
Slide Over 66, 212
SMS 139
– Unterschied zu
iMessage 142
Softwareaktualisierung
213
SoundHound (App) 170
Soziale Netzwerke 213
Spam 92
Speicherplatz 15
Split View 212
Spotlight 54, 213
Sprachaufzeichnung 120
Sprache einstellen 214
Sprachmemo-App 120
Sprachsteuerung siehe Siri
15
Stoppuhr 117

Stummschalten 193
Suchfunktion 54, 213
Support 214
Surfen siehe Safari 107
Synchronisierung von
    Daten 19

T

Taschenrechner 121
Tastatur 36, 214
    – Eingabesprache
    ändern 80
    –, externe 86
    – Fremdsprachenunter-
    stützung 81
    – Korrektor 82
    – Layout ändern 81
    – Schreibhelfer 82
Telefon-App 128, 214
    – Anruf 127
    – Anrufer sperren 130
    – Favoriten 130
    – Multitasking beim
    Telefonieren 135
    – Visual Voicemail 131
    – Wahlwiederholung
    129
Telenav Scout (App) 114
Termine 99
    – Eintragen und ändern
    99
Tethering 215
Textverarbeitungsprogramm
    siehe Pages (App) 121
Threema (App) 141
Timer 117
Töne 215
    – Ausschalten 193
Touch-ID 38, 215

U, V

Uhr-App 117
Uhrzeit einstellen 198
Verbindungsgeschwindig-
    keiten mobiles Internet
    189
Video-App 171
Video-Wiedergabe 209
Virtuelle Private Netzwerke
    (VPN) 217
VoiceOver 15, 216

W

Wallet (App) 121
Wasserwaage (App) 121
WC-Finder (App) 116
Wecker 117
Weltzeit 117
Wetter-App 117
WhatsApp 141
Widgets 65
Wikipedia 52
WLAN 12, 36, 148, 174,
    217

Z

Zattoo (App) 173
Zeitungen/Zeitschriften
    155
    – Abonnement-Einstel-
    lungen 158
Zoom 218
Zubehör 26
Zurücksetzen 218
Zwei-Faktor-Autorisierung
    219
Zwischenspeicher löschen
    64

Apps

AirDrop 185, 190
Apple Pay 121
DB Navigator 122
Kindle 149
Kobo 149
E-Mail-App 206
FaceTime 73, 136
Find my iPhone/iPad 200
Funcard 88
Health-App 120
iBooks 57, 149, 150, 203
iMessage 139
iMovie 186
Karten-App 111
Keynote 121
Move to iOS 43
Musik-App 168
Numbers 121
Pages 121
Shazam 170
Skype 136, 138
SoundHound 170
Sprachmemo-App 120
Telefon-App 128, 214
Telenav Scout 114
Threema 141
Uhr-App 117
Video-App 171
Wallet 121
Wasserwaage 121
WC-Finder 116
Wetter-App 117
WhatsApp 141
Zattoo 173

Ole Meiners war als Autor und Redakteur u. a. für Tagesspiegel, Macwelt und das Online-Magazin macnews.de tätig. Zuletzt zählte er zum Gründungs-Team des c't-Ablegers Mac & i des Heise-Verlags. Neben seiner Tätigkeit als Publizist betreut er als IT-Berater Medienschaffende und Freiberufler in ganz Deutschland.
Sein Buch „iPhone und iPad" erscheint für die Stiftung Warentest bereits in der 5. Auflage.

5., aktualisierte Auflage
© 2015 Stiftung Warentest, Berlin

Stiftung Warentest
Lützowplatz 11–13
10785 Berlin
Telefon 0 30/26 31–0
Fax 0 30/26 31–25 25
www.test.de
email@stiftung-warentest.de

USt.-IdNr.: DE136725570

Vorstand: Hubertus Primus
Weitere Mitglieder der Geschäftsleitung:
Dr. Holger Brackemann, Daniel Gläser

Programmleitung: Niclas Dewitz

Autor: Ole Meiners
Projektleitung: Johannes Tretau
Lektorat: Magnus Enxing, Münster
Mitarbeit: Florian Ringwald, Karsten Treber
Korrektorat: Hartmut Schönfuß, Berlin

Titelentwurf: Sylvia Heisler
Graphik, Layout, Satz: Sylvia Heisler
Screenshots: Ole Meiners
Bildnachweis: Montage gettyimages/Jack Hollingsworth, Ralph Kaiser (Titel); istock-photo (Umschlag Rückseite)

Produktion: Vera Göring
Verlagsherstellung: Rita Brosius (Ltg.), Susanne Beeh
Litho: Sylvia Heisler
Druck: Rasch Druckerei und Verlag GmbH & Co. KG, Bramsche

ISBN: 987-3-86851-223-6